Доктор Джерок Лі

Пильнуйте
й моліться

І, вернувшись до учнів, [Ісус] знайшов їх, що спали, і промовив Петрові: «Отак, – не змогли ви й однієї години попильнувати зо Мною? ... Пильнуйте й моліться, щоб не впасти на спробу, – бадьорий бо дух, але немічне тіло».
(Євангеліє від Матвія 26:40-41).

Пильнуйте й Моліться, автор доктор Джерок Лі
Опубліковано видавництвом Урім Букс (Представник: Kyungtae Noh)
73, Шіндебанзі 22, Донгйак Гу, Сеул, Корея
www.urimbooks.com

Авторські права заявлені. Цю книжку або будь-які уривки з неї забороняється відтворювати у будь-якій формі, зберігати у системі комп'ютера, зберігати у будь-якій формі та будь-яким способом: електронним, механічним, робити фотокопії, переписувати або користуватися для цього іншим способом без попереднього письмового дозволу видавця.

Якщо не написано інше, всі цитати із Біблії взяті з Біблії перекладу І.Огієнка.

Авторське право © 2016 Автор: Доктор Джерок Лі
ISBN: 979-11-263-0078-5   03230
Авторське право перекладу © 2011 Доктор Естер К. Чан.
Використовується за дозволом.

Раніше видано корейською мовою видавництвом «Урім букс» у 1992 році у м. Сеул, Корея

Перше видання: Березень 2016

Редактор: Доктор Геумсун Він
Підготовано до друку редакційним бюро Урім Букс
Надруковано компанією «Євон Прінтін»
Для більш докладної інформації звертайтеся: urimbook@hotmail.com

Про книжку

Оскільки Бог наказує нам молитися безперестанку, Він також різними способами навчає нас, чому саме ми повинні молитися таким чином, Він попереджає нас, щоби ми молилися, аби не впасти на спробу.

Саме як дихання – це не важка задача для здорової людини, духовно здорові люди вважають молитву звичайною справою, їм не важко жити за Божим Словом і безперестанку молитися, як вони завжди роблять. Тому що коли людина молиться, вона має гарне здоров'я, в неї все гаразд: як з тілом, так і з душею. Неможливо переоцінити важливість молитви.

Людина, життя якої завершилося, не може дихати. Так само, людина, чий дух помер, не може вдихнути духовно. Інакше кажучи, дух людини помер внаслідок Адамового гріха, але люди, чий дух відновився завдяки Святому Духові, завжди молитимуться доки живе їхній дух, так само як ми не можемо перервати на певний час своє дихання.

Нові віруючі, які лише нещодавно прийняли Ісуса Христа, схожі на немовлят. Вони не знають як молитися, молитва їх стомлює. Однак, якщо вони продовжують покладатися на Боже Слово і продовжують старанно молитися, їхній дух росте і міцніє з кожною молитвою. Згодом люди починають розуміти, що не можуть жити без молитви, саме як жодна людина не може жити, не дихаючи.

Молитва – це не лише наше духовне дихання, але й канал діалогу між Богом та Його дітьми, який завжди повинен залишатися відкритим. Той факт, що розмова між багатьма батьками та їхніми дітьми у сучасних сім'ях у наш час була перервана – це справжня трагедія. Взаємна довіра була зруйнована і їхні стосунки перетворилися на пусту формальність. Однак немає нічого, про що би ми не могли розповісти нашому Богові.

Наш всемогутній Бог – турботливий Батько, Який знає і розуміє нас найкраще, приділяє пильну увагу до нас завжди і бажає, щоби ми частіше зверталися до Нього. Для всіх віруючих молитва – це ключ для того, щоби стукати і відчиняти двері до серця всемогутнього Бога, зброя, яка переходить межі часу і простору. Чи ми не бачили, чи не відчували на собі, чи не чули про багатьох християн, чиє життя змінилося, коли напрямок світової історії змінився завдяки могутній молитві?

Якщо ми покірливо попросимо у молитві про допомогу Святий Дух, Бог наповнить нас Святим Духом, дозволить нам найкраще зрозуміти Його волю і жити відповідно до неї, а також дасть нам можливість подолати ворога-диявола і перемогти цей світ. Однак, якщо людина не зможе отримати керівництво Святого Духу, через те що вона не молиться, вона найбільше буде покладатися на себе, свої міркування і принципи, житиме у неправді, що протилежить Божій волі. Такій людині важко буде отримати спасіння. Тому у Посланні до колосян 4:2 написано: *«Будьте тривалі в молитві, і пильнуйте з подякою в ній!»* А в Євангелії від Матвія 26:41 написано: *«Пильнуйте й моліться, щоб не впасти на спробу, – бадьорий бо дух, але немічне тіло».*

Єдиний Син Божий, Ісус Христос, міг виконати Своє призначення відповідно до Божої волі завдяки силі молитви. Перед початком Свого служіння Господь Ісус постив протягом 40 днів і явив приклад молитви, молячись де б Він не був навіть під час Свого трирічного служіння.

Багато християн розуміють важливість молитви, але багато з них не отримують відповідей від Бога, тому що не знають, як молитися відповідно до Божої волі. Довгий час мені було важко чути про таких людей, але я щасливий, що маю можливість видати книжку про молитву, засновану на двадцятирічному служінні і власному життєвому досвіді.

Сподіваюся, що ця невелика книжка допоможе кожному читачеві зустріти і відчути Бога, а також мати життя могутньої молитви. В ім'я Господа нашого я молюся про те, щоби кожний читач був пильним і молився безперестанку, щоби мав гарне здоров'я, щоби добре велося його душі!

Джерок Лі

Зміст

Про книжку

Розділ 1
Просіть, шукайте і стукайте   1

Розділ 2
Вірте, що одержите   19

Розділ 3
Молитва, яка догоджає Богові   33

Розділ 4
Щоб не впасти на спробу 55

Розділ 5
Молитва праведного 71

Розділ 6
Велика сила молитви за згодою 83

Розділ 7
Завжди моліться і не занепадайте духом 99

Розділ 1

— ✑ —

Просіть, шукайте і стукайте

Євангеліє від Матвія 7:7-11

«Просіть – і буде вам дано, шукайте – і знайдете, стукайте – і відчинять вам; бо кожен, хто просить – одержує, хто шукає – знаходить, а хто стукає – відчинять йому. Чи ж то серед вас є людина, що подасть своєму синові каменя, коли хліба проситиме він? Або коли риби проситиме, то подасть йому гадину? Тож як ви, бувши злі, потрапите добрі дари своїм дітям авати, – скільки ж більше Отець наш Небесний подасть добра тим, хто проситиме в Нього!»

1. Бог дає подарунки тим, хто просить

Бог не хоче, щоби Його діти страждали від бідності і хвороб. Він бажає, щоби все в їхньому житті було добре. Однак якщо ми будемо бездіяльними і не докладатимемо жодних зусиль, ми нічого не пожнемо. Хоча Бог міг дати нам все на світі, оскільки все належить Йому, Він бажає, щоби Його діти просили, шукали і досягали самі, як кажуть: «Дитина, що кричить, завжди буде нагодована».

Якщо людина бажає отримати все, але для цього не докладає жодних зусиль, вона нічим не відрізнятиметься від квітів, які ростуть у саду. Батьки засмутилися б, якби їхні діти поводилися як рослини, цілими днями лежачи у ліжку не намагаючись жити власним життям. Так поводиться ледача людина, яка марнує час, очікуючи щоби плоди з дерева падали йому до рота.

Бог бажає, щоби ми стали Його мудрими і невтомними дітьми, які завзято просять, шукають і стукають, насолоджуючись Його благословеннями і прославляючи Його. Саме тому Він наказує нам, аби ми просили, шукали та стукали. Ніхто з батьків не дасть своїй дитині камінь, коли вона просить хліба. Ніхто з батьків не дасть своїй дитині змію, коли вона проситиме риби. Навіть якщо батьки недобрі, вони все рівно дарують гарні подарунки своїм дітям. Невже ви думаєте, що наш Бог, Який любить нас настільки, що віддав Свого єдиного Сина на смерть за нас, не дасть Своїм дітям гарні подарунки, коли вони попросять?

В Євангелії від Івана 15:16 Ісус говорить нам: *«Не ви Мене вибрали, але Я вибрав вас, і вас настановив, щоб ішли ви й приносили плід, і щоб плід ваш зостався, щоб дав вам Отець, чого тільки попросите в Імення Моє».* Всемогутній Бог любові дав нам велику обітницю: якщо ми будемо старанно просити, шукати і стукати, Він відкриє для нас брами небес, благословить нас і навіть задовольнить бажання нашого серця.

Вірші, на яких засновується цей розділ, дозволяють нам дізнатися про те, як треба просити, шукати і отримувати все, про що ми просимо нашого Бога, що буде великою славою для Нього і великою радістю для нас.

2. Просіть – і буде вам дано

Бог говорить всім: «Просіть – і буде вам дано». Він бажає, щоби всі люди отримали благословення, все, про що вони просять. Про що ми маємо просити?

1) Шукайте силу Божу і лице Його

Після створіння неба, землі і всього, що на ній, Бог

створив людину. Він благословив людей і сказав до них: «Плодіться й розмножуйтеся, і наповнюйте землю, оволодійте нею, і пануйте над морськими рибами, і над птаством небесним, і над кожним плазуючим живим на землі!»

Не послухавшись Божого наказу, Адам втратив ті благословення і заховався, почувши Його голос (Книга Буття 3:8). Крім того, всі люди, які стали грішниками, були віддалені від Бога і вигнані на шлях занепаду, бо вони стали рабами диявола.

Заради спасіння грішників Бог любові послав на землю Свого Сина Ісуса Христа. Він відкрив двері їхнього спасіння. Якщо людина приймає Ісуса Христа як Спасителя і вірить у Його імення, Бог прощає всі гріхи і дає тій людині дар Святого Духу.

Крім того, віра в Ісуса Христа веде нас до спасіння і дає можливість отримати силу Божу. Лише коли Бог дає нам Свою силу і могутність, ми можемо мати успішне релігійне життя. Інакше кажучи, лише через Його благодать і силу згори ми можемо отримати перемогу над цим світом і жити відповідно до Божого Слова. Нам необхідно отримати Його силу, щоби подолати диявола.

У Псалмі 104:4 написано: *«Пошукуйте ГОСПОДА й силу Його, лице Його завжди шукайте!»* Наш Бог – *«ТОЙ,*

ЩО Є» (Книга Вихід 3:14), Творець неба і землі (Книга Буття 2:4), Правитель всієї історії, всього, що існує у всесвіті від початку і вічно. Бог – це Слово, і Словом Він створив все у світі. Отже, Його Слово має величезну силу. Людські слова завжди міняються. Люди не мають сили створити або змусити щось відбутися. На відміну від слів людини, які завжди змінюються, Слово Боже – живе і сповнене сили, воно може створити все.

Отже, незалежно від безсилля людини, якщо вона почує живе Боже Слово і повірить у нього без сумнівів, також може створити щось із нічого. Створити щось із нічого неможливо без віри у Боже Слово. Тому Ісус проголосив усім, хто прийшов до Нього: *«Як повірив ти, нехай так тобі й станеться»* (Євангеліє від Матвія 8:13). Просити Божої сили означає просити Його дати нам віру.

Тоді що означає «завжди шукати Його лиця»? Саме як ми не можемо стверджувати, що знаємо когось, ніколи не бачивши людину особисто, її обличчя, «шукати Його лиця» означає намагатися дізнатися, хто Такий Бог. Це означає, що люди, які раніше уникали бачити Його лице і чути Його голос, тепер відкривають своє серце, розуміють Бога і намагаються почути Його голос. Грішник не може підняти голову і намагається відвернутися від інших. Але отримавши прощення, він може підняти голову і подивитися в очі іншим людям.

Так само всі люди були грішниками, бо не слухалися Божого Слова. Але якщо людина отримала прощення, прийнявши Ісуса Христа, стала Його дитиною, отримавши Святого Духа, тепер вона може бачити Бога, Який є Світло, бо праведний Бог назвав цю людину праведною.

Найголовніше, чому Бог наказує своєму народові «шукати Його лиця», – це тому що Він бажає, щоби всі вони, грішники, примирилися з Богом і отримали Святого Духа, шукаючи Його лиця, щоби стали Його дітьми, які можуть особисто звертатися до Нього. Коли людина стає дитиною Бога-Творця, вона отримає небеса, вічне життя і щастя – найбільші із усіх благословень.

2) Шукайте ж найперш Царства Божого й правди Його

Людина, яка отримала Святого Духа і стала Божою дитиною, може жити новим життям, бо вона народилася знову від Духа. Бог, Який вважає кожну душу дорогоціннішою за небо і землю, наказує Своїм дітям найперш шукати Царства Божого й правди Його (Євангеліє від Матвія 6:33).

В Євангелії від Матвія 6:25-33 Ісус говорить нам:

Через те вам кажу: Не журіться про життя

своє що будете їсти та що будете пити, ні про тіло своє, у що зодягнетеся. Чи ж не більше від їжі життя, а від одягу тіло? Погляньте на птахів небесних, що не сіють, не жнуть, не збирають у клуні, та проте ваш Небесний Отець їх годує. Чи ж ви не багато вартніші за них? Хто ж із вас, коли журиться, зможе додати до зросту свого бодай ліктя одного? І про одяг чого ви клопочетесь? Погляньте на польові лілеї, як зростають вони, не працюють, ані не прядуть. А Я вам кажу, що й сам Соломон у всій славі своїй не вдягався отак, як одна з них. І коли польову ту траву, що сьогодні ось є, а взавтра до печі вкидається, Бог отак зодягає, скільки ж краще зодягне Він вас, маловірні! Отож, не журіться, кажучи: Що ми будемо їсти, чи: Що будемо пити, або: У що ми зодягнемось? Бож усього того погани шукають; але знає Отець ваш Небесний, що всього того вам потрібно. Шукайте ж найперш Царства Божого й правди Його, а все це вам додасться.

Тож що означає «шукати Царства Його» і «правди Його»? Інакше кажучи, для чого нам потрібно шукати Царства і правди Його?

Заради людей, які були рабами ворога-диявола, і

підлягали знищенню, Бог послав на землю Свого єдиного Сина і дозволив Ісусові померти на хресті. Завдяки Ісусу Христу Бог повернув нам владу, яку ми втратили, і дозволив стати на шлях спасіння. Чим більше ми розповсюджуємо звістку про Ісуса Христа, Який вмер за нас і воскрес, тим більше сатана втрачає свою силу. Чим менше сили стає у сатани, тим більше людей отримають спасіння. Чим більше грішників отримають спасіння, тим більше пошириться Боже Царство. Отже «шукати Царства Його» означає молитися за спасіння душ та світову місію, щоби люди могли стати Божими дітьми.

Ми звикли жити у темряві, посеред гріха і зла, але завдяки Ісусові ми отримали можливість постати перед Богом, Який є Світло. Тому що Бог живе у добрі, праведності, світлі. Ми не можемо прийти до Нього або стати Його дітьми, маючи гріхи.

Тому «шукати Царства Його» – це значить молитися про те, щоби мертвий дух ожив, душа процвітала і була праведною, якщо людина живе за Божим Словом. Ми повинні просити Бога, щоби Він дозволив нам чути Його Слово, щоби ми стали у ньому обізнаними, покинули гріх і темряву, жили у світлі і освятилися Божою святістю.

Шукати правди Його означає відкинути діла плоті за бажанням Святого Духу і освятитися, живучи праведно. Крім того, шукаючи правди Його, ми матимемо гарне здоров'я, нам добре буде вестися в усьому і добре буде вестися нашій душі (3 Послання Івана 1:2). Тому Бог говорить, щоби ми сперш шукали Царства і правди Його, і обіцяє дати нам все, про що попросимо.

3) Просіть, щоби стати Його робітником і виконуйте обов'язки, дані Богом

Якщо ви шукаєте Царства і правди Його, тоді ви повинні молитися про те, щоби стати Його працівником. Якщо ви вже його працівник, ви повинні щиро молитися про виконання обов'язків даних Богом. Бог нагороджує тих, хто щиро шукає Його (Послання до євреїв 11:6), і кожній людині Він дасть свою нагороду в залежності від її справ (Книга Об'явлення 22:12).

У Книзі Об'явлення 2:10 Ісус говорить нам: *«Будь вірний до смерти, і Я тобі дам вінця життя!»* Навіть у цьому житті, якщо людина старанно вчиться, вона може отримати стипендію і вступити до гарного коледжу. Якщо людина добре працює, її можуть підвищити, вона може отримати краще лікування та більший оклад.

Так само коли Божі діти вірні до своїх обов'язків, даних їм Богом, їм будуть дані більші обов'язки і більші нагороди. Нагороди цього світу неможливо порівняти з нагородами Небесного Царства, ні за розміром, ані за славою. Тому кожен з нас, перебуваючи на своєму місці, повинен бути палким у вірі і молитися, щоби стати дорогоцінним працівником для Бога.

Якщо у людини ще немає обов'язку, даного Богом, вона повинна молитися, щоби стати працівником для Божого Царства. Якщо людина отримала обов'язок, вона повинна молитися, щоби добре його виконувати і сподіватися на більший обов'язок. Новий християнин повинен молитися, щоби стати дияконом, а диякон має молитися, щоби стати старшим. Лідер домашньої групи повинен молитися, щоби стати лідером району, а лідер району – щоби стати ще більшим.

Це не означає, що людина повинна просити, щоби отримати звання старшого або диякона. Це означає, що людина бажає бути вірною у виконанні своїх обов'язків, докладаючи найбільших зусиль для їхнього виконання, якнайкраще служити Богові.

Найголовніше для людини, яка має обов'язки, дані їй Богом, – це вірність, завдяки якій вона може виконувати ще більші обов'язки, ніж виконує тепер. Для цього людина має молитися, щоби Бог промовив: «Ти добре попрацював, вірний слуга!»

У 1 Посланні до коринтян 4:2 написано: *«А що ще шукається в доморядниках, щоб кожен був знайдений вірним»*. Тому кожен з нас має молитися, щоби стати Божим вірним працівником у своїй церкві, тілі Христа, кожен на своїй посаді.

4) Просіть хліба насущного

Щоби звільнити людину від бідності, Ісус народився бідним. Щоби зцілити будь-яку хворобу та недугу, Ісуса було бито, і Він пролив Свою кров. Отже для дітей Божих звичним є заможне і здорове життя, і добре ведеться їм в усьому.

Коли ми вперше шукаємо Божого Царства і правди Його, Він обіцяє дати нам все це (Євангеліє від Матвія 6:33). Інакше кажучи, попросивши про Боже Царство і Його правду, ми повинні молитися про все, що нам необхідно мати для життя у цьому світі: їжу, одяг, роботу, благословення на роботі, благополуччя родини та інше. Тоді Бог наповнить нас як обіцяв. Пам'ятайте, якщо ми проситимемо цього задля власного задоволення, але не для Його слави, Бог не відповість на наші молитви. Молитва про задоволення грішних бажань немає нічого спільного з Богом.

3. Шукайте – і знайдете

Якщо ви «шукаєте», це значить, що ви щось загубили.

Бог бажає, щоби люди знайшли «те», що загубили. Оскільки він наказує нам шукати, ми повинні спочатку визначити, що саме ми загубили, щоби шукати саме «те», що загубили. Ми також повинні зрозуміти, яким саме чином ми маємо шукати те.

Тож що ми загубили і як ми це «шукаємо»?

Перша людина, яку створив Бог, – була жива істота, створена із духу, душі і тіла. Як жива істота, яка могла спілкуватися з Богом, Який є Дух, перша людина раділа всім благословенням, які давав їй Бог, і жила за Його Словом.

Однак після того, як сатана спокусив людину, вона перестала коритися Божому наказу. У Книзі Буття 2:16-17 ми читаємо: *«І наказав ГОСПОДЬ Бог Адамові, кажучи: Із кожного дерева в Раю ти можеш їсти. Але з дерева знання добра й зла не їж від нього, бо в день їди твоєї від нього ти напевно помреш!»*

Незважаючи на те, що основним і єдиним обов'язком людини було боятися Бога і чинити Його заповіді (Книга Еклезіястова 12:13), перша створена Богом людина не дотрималася Його заповіді. Зрештою, як попереджав Бог, після того, як людина їла плід з дерева знання добра і зла, її дух помер, і вона стала людиною душі, яка вже не могла спілкуватися з Богом. Крім того, помер дух всіх нащадків тієї людини, і вони стали плотськими людьми, які не могли виконувати свій обов'язок. Господь вигнав Адама з еденського раю, щоб порати землю, з якою узятий він був. Він, а також всі люди після нього, мали жити у смутку, стражданнях і хворобах. І лише потом здобувати собі їжу. Крім того, вони вже не могли жити так, як задумав Бог від створіння. Схиляючись до безглуздя і покладаючись на власні думки, вони стали розбещеними.

Щоби людина, чий дух помер, яка має тепер лише душу і тіло, жила достойно цілі Божого створіння, вона повинна відродити втрачений дух. Лише коли в людині відродиться мертвий дух, вона стане людиною духу, зможе спілкуватися з Богом, Який є Дух, і зможе жити як справжня людина. Тому Бог наказує нам шукати свій втрачений дух.

Бог всім людям відкрив шлях, щоби відродити свій мертвий дух. Цей шлях – Ісус Христос. Коли ми повіримо в Ісуса Христа, як пообіцяв Бог, ми отримаємо Святий Дух, який увійде і житиме в нас, який оживить наш мертвий дух. Якщо ми будемо шукати лице Його і впустимо Ісуса Христа, Який стукав у наше серце, Святий Дух прийде і народить дух (Євангеліє від Івана 3:6). Оскільки ми живемо у покорі Святому Духові, ми повинні відкинути діла плоті, старанно слухати, приймати, розуміти і молитися над Божим Словом. Тоді з Його допомогою ми зможемо жити за Його Словом. Це процес, завдяки якому мертвий дух відроджується, і людина стає людиною духу, відновлює втрачений образ

Бога.

Щоби з'їсти дуже поживний жовток яйця, нам спершу необхідно розбити шкаралупу і прибрати білок. Так само, щоби особа стала людиною духу, їй треба позбутися справ плоті, і вона повинна народити дух за допомогою Святого Духу. Саме про це говорить Бог, коли наказує нам «шукати».

Припустимо вся електрична система в світі вимкнулася. Жоден майстер самостійно не зможе відновити її роботу. Знадобиться багато часу, для того щоби фахівець відправив на роботу електриків, виготовити необхідні деталі для відновлення роботи електричної мережі в усьому світові.

Так само, щоби відродити мертвий дух і стати людиною повного духу, людина повинна почути і знати Боже Слово. Однак лише знання Слова недостатньо, щоби стати людиною духу. Людина повинна приймати, молитися, роздумуючи над Божим Словом, щоби жити за ним.

4. Стукайте – і відчинять вам

«Двері», про які говорить Бог, – це двері обітниці, які відчиняться, якщо ми постукаємо у них. У які двері Бог наказує нам стукати? У двері серця нашого Бога.

Перед тим як ми постукали у двері серця нашого Бога,

Він постукав у двері нашого серця (Книга Об'явлення 3:20). В результаті, ми відкрили двері свого серця і прийняли Ісуса Христа. Бо серце нашого Бога ширше небес і глибше океану. Якщо ми стукаємо у двері Його безмірного серця, ми можемо отримати будь-що.

Коли ми молимося і стукаємо у двері Божого серця, Він відкриє брами небес і виллє на нас скарби. Що Бог відчиняє, – ніхто не зачинить, що Він зачиняє, – ніхто не відчинить. Коли Бог відкриває брами небес і обіцяє благословити нас, жоден не зможе завадити Йому і припинити потік благословень (Книга Об'явлення 3:7).

Ми можемо отримати Божі відповіді, якщо стукатимемо у двері Його серця. Однак, в залежності від того, як сильно людина стукає у двері, вона може отримати великі або малі благословення. Якщо людина бажає отримати великі благословення, брами небес повинні бути широко відкритими. Отже людина повинна старанно стукати у двері, стукати сильніше і догоджати Йому.

Ми догоджаємо Богові коли позбуваємося зла і живемо за Його заповідями в істині, за Його Словом. Тоді ми можемо отримати все, про що просимо. Інакше кажучи, «стукати у двері Божого серця» означає жити за Божими заповідями.

Якщо ми старанно стукатимемо у двері Божого серця, Він ніколи не докорить нам: «Чого ви стукаєте надто сильно?» Навпаки, Бог з великим задоволенням дасть нам все, що ми просимо. Отже сподіваюся, що ви будете стукати у двері Божого серця своїми ділами, отримаєте все, про що просите, і прославите Бога.

Ви коли-небудь ловили птахів за допомогою рогачки? Пам'ятаю історію, яку розповів товариш мого батька, який вчив мене робити рогачку. Рогачка – це пристрій, що має V-образну форму, дбайливо вирізаний з дерева, до якого прикріплена гумова стрічка.

Якби мені довелося порівняти вірші з Євангелія від Матвія 7:7-11 з рогачкою, «просіть» означало би знайти рогачку і камінець, щоби спіймати пташку. Потім вам необхідно влучно поцілити у пташку. Чи допоможе вам рогачка і камінець, якщо ви не вмієте з неї стріляти? Спершу ви будете тренуватися, ознайомитеся з особливостями рогачки, визначите для себе найкращий спосіб охоти за птахом. Цей процес можна порівняти з «пошуком». Читаючи, приймаючи Слово Боже, як Боже дитя ви приготовані і маєте ті якості, які допоможуть вам отримати Його відповіді.

Якщо ви підготувалися, вмієте користуватися рогачкою і гарно можете влучити у ціль, тепер ви можете стріляти, це можна порівняти зі «стуканням». Навіть підготувавши рогачку і камінець, екіпірувавшись майстерністю користування цими приладами, якщо ви не вистрілите, ви не зможете піймати пташку. Інакше кажучи, лише якщо ми живемо за Божим Словом, із якого ми робимо хліб у своєму серці, ми отримаємо те, що просимо у Нього.

Просити, шукати і стукати – це не окремі процеси, але єдина процедура. Тепер ви знаєте про що просити, що шукати і куди стукати. В ім'я Господа нашого я молюся про те, щоби ви, як благословенне дитя Боже, прославляли Його, отримуючи відповіді на бажання свого серця, старанно просячи, шукаючи і стукаючи!

Розділ 2

Вірте, що одержите

Євангеліє від Марка 11:23-24

Поправді кажу вам: Як хто скаже горі цій: «Порушся та й кинься до моря», і не матиме сумніву в серці своїм, але матиме віру, що станеться так, як говорить, – то буде йому! Через це говорю вам: Усе, чого ви в молитві попросите, вірте, що одержите, і сповниться вам.

1. Велика сила віри

Одного дня учні Ісуса, які супроводжували Його, почули, як Учитель промовив до фігового дерева: *«Нехай плоду із тебе не буде ніколи повіки!»* (Євангеліє від Матвія 21:19) Побачивши, що дерево усохло до самих коренів, учні здивувалися і запитали Ісуса. Ісус у відповідь промовив: *«Поправді кажу вам: Коли б мали ви віру, і не мали сумніву, то вчинили б не тільки як із фіговим деревом, а якби й цій горі ви сказали: Порушся та кинься до моря, то й станеться те!»* (Євангеліє від Матвія 21:21)

Ісус також пообіцяв нам: *«Поправді, поправді кажу вам: Хто вірує в Мене, той учинить діла, які чиню Я, і ще більші від них він учинить, бо Я йду до Отця. І коли що просити ви будете в Імення Моє, те вчиню, щоб у Сині прославивсь Отець. Коли будете в Мене просити чого в Моє Ймення, то вчиню»* (Євангеліє від Івана 14:12-14), а також: *«Коли ж у Мені перебувати ви будете, а слова Мої позостануться в вас, то просіть, чого хочете, і станеться вам! Отець Мій прославиться в тому, якщо рясно зародите й будете учні Мої»* (Євангеліє від Івана 15:7-8).

Тобто оскільки Бог-Творець – Отець для тих, хто прийняв Ісуса Христа, вони можуть отримати відповіді на бажання свого серця, якщо вони вірять у Боже Слово і виконують його. В Євангелії від Матвія 17:20 Ісус говорить нам: *«Через ваше невірство. Бо поправді кажу вам: коли будете ви мати віру, хоч як зерно гірчичне, і горі оцій скажете: Перейди звідси туди, то й перейде вона, і нічого не матимете неможливого!»* Тоді чому так багато людей не можуть отримати від Бога відповіді і прославити Його, не зважаючи на незліченні години, проведені у молитвах? Давайте розглянемо, як ми можемо прославити Бога, отримавши все, про що просили у своїх молитвах.

2. Вірте у всемогутнього Бога

Для того, щоби людина підтримувала життя від самого народження, їй неодмінно знадобляться такі речі як їжа, одяг, притулок та інше. Однак невід'ємною складовою частиною підтримки життя є дихання. Воно робить можливим існування і дає йому сенс. Тоді як діти Божі, які прийняли Ісуса Христа і родилися знову, також потребують багато чого у житті, найголовнішим у їхньому житті є молитва.

Молитва – це канал діалогу з Богом, Який є Дух. Вона важлива для нашого духу так само, як дихання важливе для організму. Крім того, молитва – це засіб звернення до Бога, щоби отримати відповіді від Нього. І найважливішим аспектом у молитві є наше серце, яким ми виримо у всемогутнього Бога. В залежності від ступеню віри людини, коли вона молиться, вона відчує певність відповідей Бога і отримає відповіді відповідно до своєї віри.

Отже, хто такий Бог, у якого ми віримо?

Описуючи Себе у Книзі Об'явлення 1:8, Бог сказав: *«Я Альфа й Омега, говорить Господь, Бог, Той, Хто є, і Хто був, і Хто має прийти, Вседержитель!»* Бог, зображений у Старому Заповіті, – Творець всього у всесвіті (Книга Буття 1:1-31), Він розділив води Червоного моря, дозволивши перейти через нього народу Ізраїля, який втікав з Єгипту (Книга Вихід 14:21-29). Коли Ізраїльтяни скорилися Божому наказу і обходили навкруг стін міста Єрихон сім днів, а потім голосно закричали, стіни міста, які, здавалося, неможливо було зруйнувати, впали (Книга Ісуса Навина 6:1-21). Коли Ісус Навин звернувся до Бога у молитві під час битви проти амореян, Бог затримав сонце і зупинив місяць (Книга Ісуса Навина 10:12-14).

У Новому Заповіті Ісус, Син всемогутнього Бога, воскресив мертвого з могили (Євангеліє від Івана 11:17-44), вздоровлював всяку недугу (Євангеліє від Матвія 4:23-24), відкрив очі сліпому (Євангеліє від Івана 9:6-11). Відомо що у Книзі Дії 3:1-10 апостол Петро ім'ям Ісуса Христа вздоровив кривого. Також Ісус вигнав демонів та злих духів Своїм Словом (Євангеліє від Марка 5:1-20), а також п'ятьма хлібами і двома рибками нагодував 5 000 народу (Євангеліє від Марка 6:34-44). Крім того, заспокоївши вітер і бурю на морі, Господь явив нам, що саме Він керує всім у всесвіті (Євангеліє від Марка 4:35-39).

Тому ми повинні вірити у всемогутнього Бога, Який дає нам два дари у своїй великій любові. Ісус сказав нам в Євангелії від Матвія 7:9-11: *«Чи ж то серед вас є людина, що подасть своєму синові каменя, коли хліба проситиме він? Або коли риби проситиме, то подасть йому гадину? Тож як ви, бувши злі, потрапите добрі дари своїм дітям давати, скільки ж більше Отець ваш Небесний подасть добра тим, хто проситиме в Нього!»* Бог любові бажає дати Своїм дітям найкращий подарунок.

У Своїй любові, що переливається через край, Бог дав нам Свого єдиного Сина. Чи міг Він дати нам щось більш дороге? У Книзі Ісаї 53:5-6 написано: *«А Він був ранений за наші гріхи, за наші провини Він мучений був, кара на Ньому була за наш мир, Його ж ранами нас уздоровлено! Усі ми блудили, немов ті овечки, розпорошились кожен на власну дорогу, і на Нього ГОСПОДЬ поклав гріх усіх нас!»* Завдяки жертві Ісуса Христа ми отримали життя, мир і зцілення.

Якщо Божі діти служать всемогутньому і живому Богу як своєму Отцеві і вірять, що Бог змушує все працювати і робитися на краще, для тих, хто любить Його, і відповідає тим, хто звертається до Нього, вони не повинні хвилюватися або тривожитися у часи випробувань і горя, але замість того дякувати, радіти і молитися.

От що значить «вірити в Бога». І Він дуже радий бачити такий прояв віри. Бог також відповідає нам відповідно до нашої віри, і, являючи нам докази Свого існування, Він дозволяє нам прославляти Його.

3. Просіть з вірою, без жодного сумніву

Бог-Творець неба, землі і всього людства дозволив людині записати Біблію, щоби про Його волю і провидіння дізналися всі. В усі часи Бог також являв Себе тим, хто вірить і кориться Його Слову, доводить нам, що Він живий і всемогутній, являючи дивовижні знамення і дива.

Ми можемо повірити в живого Бога поглянувши лише на Його творіння (Послання до римлян 1:20) і славити Бога, отримуючи від Нього відповіді на свої молитви, звернені до Нього з вірою.

Існує «плотська віра», за допомогою якої ми віримо, бо наша освіченість або думки збігаються з Божим Словом, а також «духовна віра», за допомогою якої ми можемо отримувати Його відповіді. Тоді як те, що написано у Божому Слові, неможливо порівняти зі знаннями людини та її думками. Якщо ми просимо Бога по вірі, Бог дає нам віру і почуття упевненості. Ці елементи кристалізуються у відповіді. Це і є духовна віра.

Тому у Посланні Якова 1:6-8 написано: *«Але нехай просить із вірою, без жадного сумніву. Бо хто має сумнів, той подібний до морської хвилі, яку жене й кидає вітер. Нехай бо така людина не гадає, що дістане що від Господа. Двоєдушна людина непостійна на всіх дорогах своїх».*

Сумнів зароджується у думках людини, знаннях, доказах, претензіях. Його приводить до нас ворог-диявол. Серце, що сумнівається, – нерішуче і підступне. Бог ненавидить це найбільше. Буде дуже сумно, якщо ваші діти не віритимуть у те, що ви – їхні біологічні батьки. Так само, чи може Бог відповісти на молитви Своїх дітей, якщо вони не можуть повірити у те, що Він – їхній Батько, хоча Він народив і виростив їх?

Таким чином, нам дається нагадування: *«Думка бо тілесна ворожнеча на Бога, бо не кориться Законові Божому, та й не може. І ті, хто ходить за тілом, не можуть догодити Богові»* (Послання до римлян 8:7-8), і ми змушені *«руйнувати задуми, і всяке винесення, що підіймається проти пізнання Бога, і полонимо всяке знання на послух Христові»* (2 Послання до коринтян

10:5).

Коли наша віра стане духовною, і коли ми не сумніватимемося ані трохи ні в чому, ми догоджатимемо тим Богові, і Він дасть нам все, про що ми просимо. Мойсей та Ісус Навин не сумнівалися, але діяли з вірою. Вони могли розділити води Червоного моря, перейти через річку Йордан, зруйнувати стіни міста Єрихон. Так само, якщо ви скажете горі: «Порушся та й кинься до моря», не маючи сумніву у серці, але вірячи у те, що так і станеться, так і буде.

Припустимо, ви скажете горі Еверест: «Порушся і кинься в Індійський океан». Чи отримаєте ви відповідь на таку молитву? Очевидно, якщо гора Еверест насправді кинеться у води Індійського океану, це призведе до загального хаосу. Тому що такою не може бути і такою не є Божа воля. Така молитва залишиться без відповіді, незалежно від того, як старанно ви молитеся, тому що він не дасть вам духовну віру, за допомогою якої ви можете повірити у Нього.

Якщо ви молитеся для того, щоби виконати щось, що протилежить Божій волі, така віра не прийде до вас. Спочатку ви можете повірити у те, що ви отримаєте відповідь на свою молитву, але з часом будуть збільшуватися сумніви. Лише якщо ми молимося і просимо відповідно до Божої волі, не маючи жодних сумнівів, ми отримаємо Його відповіді. Тому якщо ви ще не отримали відповідь на свою молитву, ви маєте розуміти, що ваше прохання суперечить

Божій волі, або ви сумніваєтеся у Божому Слові.

У 1 Посланні Івана 3:21-22 нам нагадується: *«Улюблені, коли не винуватить нас серце, то маємо відвагу до Бога, і чого тільки попросимо, одержимо від Нього, бо виконуємо Його заповіді та чинимо любе для Нього».*

Люди, які коряться Божим наказам і роблять те, що догоджає Йому, не просять про те, що суперечить Божій волі. Ми можемо отримати все, про що попросимо, якщо наша молитва відповідає Божій волі. Бог каже нам: *«Усе, чого ви в молитві попросите, вірте, що одержите, і сповниться вам»* (Євангеліє від Марка 11:24).

Тому для того, щоби отримати Божі відповіді, ви повинні спочатку отримати від Нього духовну віру, яку Він дає вам, якщо ви дієте і живете за Його Словом. Коли ви зруйнуєте всі аргументи і припущення, які виникають щодо знання Бога, сумніви зникнуть, і ви отримаєте духовну віру, а отже все, про що попросите.

4. Усе, чого ви в молитві попросите, вірте, що одержите

У Книзі Числа 23:19 нам нагадується: *«Бог не чоловік, щоб неправду казати, і Він не син людський, щоб Йому жалкувати. Чи ж Він був сказав і не зробить, чи ж Він говорив та й не виконає?»*

Якщо ви щиро вірите в Бога, просите з вірою, і не сумніваєтесь ані трохи, ви повинні повірити, що ви отримали все, про що ви просили і молилися. Бог всемогутній і вірний, і Він обіцяє відповідати нам.

Тоді чому так багато людей говорять, що вони не отримали від Нього відповідей незважаючи на їхню молитву з вірою? Невже через те, що Бог не відповідає їм? Ні. Бог напевно відповів на їхні молитви, але необхідно, щоби пройшов певний час, тому що вони не приготували себе як посуд, що достойний вмістити у собі Його відповіді.

Коли господар сіє зерно, він вірить, що збере стиглий врожай, але ж він не може зібрати врожай у ту ж мить. Після того, як зерно було посіяне, воно розпукується, дає цвіт, а вже потім дає врожай. Деяким зернам необхідно більше часу, ніж іншим, щоби дати врожай. Так само, для того, щоби отримати відповіді від Бога, спочатку необхідно посіяти і виростити.

Припустимо, студент молиться: «Дозволь мені, Господи, вступити до Гарвардського університету і вчитися там». Якщо студент молився з вірою і маючи Його силу, Бог неодмінно відповість на молитву. Однак відповідь може затриматися. Бог готує студента, щоби той став посудом, придатним для отримання Його відповідей. Через деякий час Він відповість на молитву. Бог дозволить йому добре і старанно вчитися, щоби він закінчив школу з відзнакою. Якщо студент продовжуватиме молитися, Бог забере від нього всі тілесні думки, дасть йому мудрість і силу вчитися старанніше. Бог влаштує всі справи у житті студента, щоби вони сприяли йому в усьому, а також дасть студентові характеристики, які дозволять вступити до Гарварду. І коли прийде час, Бог дозволить йому вступити до Гарварду.

Таке саме правило можна застосувати до людей, які вражені хворобою. Якщо вони навчаються зі Слова Божого, дізнаючись про те, чому трапляються хвороби, і як їх можна вилікувати, коли вони моляться з вірою, вони можуть отримати зцілення. Вони повинні виявити стіну гріха, яка стоїть між ними та Богом, і дістатися до першопричини хвороби. Якщо хвороба трапилася через ненависть, вони повинні позбутися ненависті, змінитися і почати любити. Якщо хвороба була викликана переїданням, вони повинні отримати від Бога силу, щоби стримуватися, і позбутися шкідливої звички. Лише таким чином Бог дає людям віру, за допомогою якої вони можуть повірити. Бог готує людей, щоби вони стали належними посудинами для отримання Його відповідей.

Молитва про процвітання бізнесу також належить до цієї категорії і не відрізняється від попередніх молитов. Якщо ви молитеся, щоби отримати благословення у бізнесі, Бог спочатку випробує вас, щоби ви стали посудиною, достойною Його благословень. Він дасть вам мудрість і силу, щоби ви могли управляти своєю справою, так щоби вона відзначилася і розрослася, щоби навкруг вас були створені чудові обставини, в яких ви змогли би працювати. Він скерує вас до надійних осіб, поступово збільшить дохід і розвине ваш бізнес. Коли прийде час Його вибору, Він відповість якраз на ту вашу молитву.

У цьому процесі сіяння і вирощування Бог дасть вам процвітання, а також випробує, щоби зробити вас посудиною, гідною отримати все, про що ви просите Бога. Тому ви ніколи не повинні ставати нетерплячими, керуючись власними думками. Замість цього ви повинні пристосуватися до Божих часових рамок і чекати на Його час, маючи віру у те, що отримаєте Його відповіді.

Всемогутній Бог, відповідно до законів духовного царства, відповідає Своїм дітям справедливо, Він радіє, коли люди звертаються до Нього з вірою. Послання до євреїв 11:6 нагадує нам: *«Догодити ж без віри не можна. І той, хто до Бога приходить, мусить вірувати, що Він є, а тим, хто шукає Його, Він дає нагороду»*.

В ім'я Господа нашого я молюся про те, що би ви догоджали Богові, маючи таку віру, ніби ви вже отримали все, про що просили у молитві, і прославляли Бога, отримуючи все, про що просили!

Розділ 3

Молитва, яка догоджає Богові

Євангеліє від Луки 22:39-44

І Він [Ісус] вийшов, і пішов за звичаєм на гору Оливну. А за Ним пішли учні Його. А прийшовши на місце, сказав їм: «Моліться, щоб не впасти в спокусу». А Він Сам, відійшовши від них, як докинути каменем, на коліна припав та й молився, благаючи: «Отче, як волієш, – пронеси мимо Мене цю чашу! Та проте – не Моя, а Твоя нехай станеться воля!»... І Ангол із неба з'явився до Нього, – і додавав Йому сили. А як був у смертельній тривозі, ще пильніш Він молився. І піт Його став, немов каплі крови, що спливали на землю...

1. Ісус показав, як треба молитися

В Євангелії від Луки 22:39-44 зображений епізод, коли Ісус молився в Гефсиманії в останню ніч перед тим як Йому довелося нести хрест, щоби відкрити шлях до спасіння всьому людству. У цих віршах багато розповідається про те, яке серце і ставлення ми повинні мати, коли молимося.

Ісус молився не лише про те, щоби не нести важкий хрест, але й щоби перемогти ворога-диявола. Які почуття Він мав, коли молився, так що Бог був задоволений Його молитвою і надіслав ангола з небес, щоби він додав Йому сили?

Засновуючись на цих віршах, давайте задумаємося, яке правильне ставлення ми повинні мати в молитві, щоби задовольнити Бога. Я спонукаю кожного з вас, щоби ви дослідили власне молитовне життя.

1) Ісус постійно молився

Бог наказав нам молитися безперестанку (1 Послання до солунян 5:17) і пообіцяв давати нам, коли просимо у Нього (Євангеліє від Матвія 7:7). Хоча правильно молитися постійно, більшість людей моляться лише коли вони чогось бажають або мають якісь проблеми.

Однак Ісус вийшов і пішов за звичаєм на гору Оливну (Євангеліє від Луки 22:39). Пророк Даниїл продовжував ставати на коліна тричі на день, молячись і дякуючи Богові, як він робив і раніше (Книга Пророка Даниїла 6:10), і двоє учнів Ісуса, Петро та Іван, відділили певний час для молитви (Книга Дії 3:1).

Ми повинні наслідувати приклад Ісуса і розвивати звичку відділяти певний час, і постійно молитися щодня. Богові особливо догоджають ранкові молитви людей, коли вони все віддають у руки Бога на початку кожного дня, і вечірні молитви, у яких люди дякують Богові зо Його захист протягом дня наприкінці кожного дня. Завдяки таким молитвам ви можете отримати Його велику силу.

2) Ісус припав на коліна для молитви

Коли ви стаєте на коліна, серце, яким ви молитеся, витягується у струнку, і ви являєте шанобливість людям, до яких промовляєте. Звичайною позою для людини, яка молиться Богові, – є припасти на коліна.

Ісус – Божий Син молився з покорою, припавши на коліна і звертаючись до всемогутнього Бога. Цар Соломон (1 Книга Царів 8:54), апостол Павло (Книга Дії 20:36), та диякон Степан, який загинув мученицькою смертю (Книга Дії 7:60) упав навколішки, коли молився.

Коли ми просимо своїх батьків або людину, яка має авторитет, про ласку, або дати нам те, чого ми бажаємо, ми нервуємо, ми обережні, бо бажаємо запобігти своїм помилкам. Тоді чи можемо ми бути неохайними у думках і тілі, якщо знаємо, що звертаємося до Бога-Творця? Припадати на коліна – це вираз ваших почуттів, вашого серця, яке шанує Бога і довіряє Його силі. Ми повинні прибратися і покірливо припасти на коліна, коли молимося.

3) Молитва Ісуса відповідала Божій волі

Ісус молився Богові: *«Проте – не Моя, а Твоя нехай станеться воля!»* (Євангеліє від Луки 22:42) Ісус, Син Божий, прийшов у світ, щоби загинути на дерев'яному хресті, хоча Сам Він був бездоганний і не мав жодної провини. Тому Він молився: *«Отче, як волієш, – пронеси мимо Мене цю чашу!»* (Євангеліє від Луки 22:42) Але Він знав волю Бога, Який бажав спасти все людство віддавши у жертву одну особу, і молився не заради власного блага, але у відповідності до Божої волі.

У 1 Посланні до коринтян 10:31 написано: *«Тож, коли ви їсте, чи коли ви п'єте, або коли інше що робите, усе на Божу славу робіть!»* Якщо ми попросимо про щось не для Божої слави, але заради похітливих бажань, це буде неналежним проханням. Ми повинні молитися лише відповідно до Божої волі. Крім того, Бог говорить нам, щоби ми пам'ятали те, що записане у Посланні Якова 4:2-3: *«Бажаєте ви та й не маєте, убиваєте й заздрите та досягнути не можете, сваритеся та воюєте та не маєте, бо не прохаєте, прохаєте та не одержуєте, бо прохаєте на зле, щоб ужити на розкоші свої».* Отже ми повинні озирнутися і подумати, чи молимося ми лише задля власного блага.

4) У молитві Ісус боровся

В Євангелії від Луки 22:44 ми читаємо про те, як щиро молився Ісус: *«А як був у смертельній тривозі, ще пильніш Він молився. І піт Його став, немов каплі крови, що спливали на землю…»*

В Гефсиманії, де молився Ісус, вночі значно холодніше, тож важко було би навіть спітніти. Чи можете ви уявити собі, наскільки Ісус напружився у щирій і відвертій молитві, що Його піт став, немов каплі крові, що спливали на землю? Якби Ісус молився мовчки, чи могла би Його молитва бути такою палкою, щоби Він вкрився потом під час молитви? Коли Ісус палко і пристрасно звертався до Бога, Його піт «став, немов каплі крови, що спливали на землю».

У Книзі Буття 3:17 Бог сказав Адамові: *«За те, що ти послухав голосу жінки своєї та їв з того дерева, що Я наказав був тобі, говорячи: Від нього не їж, проклята через тебе земля! Ти в скорботі будеш їсти від неї всі дні свого життя».* Перед тим як чоловік був проклятий, він жив у достатку, мав все, що приготував для нього Бог. Коли у нього увійшов гріх через непокору Богові, його спілкування з Творцем завершилося, і тепер він міг їсти від землі в скорботі всі дні свого життя.

Якщо ми можемо досягти всього можливого лише важкою працею, що ми маємо робити, якщо просимо Бога про те, чого ми зробити не можемо? Будь ласка, запам'ятайте, що лише голосно вигукуючи молитву, що і є важкою працею і потом, ми можемо отримати бажане від Бога. Крім того, запам'ятайте, що Бог сказав, що важка праця і зусилля необхідні для того, щоби принести плід, і як Сам Ісус важко працював і боровся у молитві. Запам'ятайте це, робіть саме так, як робив Ісус, так щоби ваша молитва догоджала Богові.

Отже ми оглянули, як молився Ісус, явивши приклад істинної молитви. Якщо Ісус, Який мав всю владу, молився до такої міри, що дав нам приклад, з яким ставленням повинні молитися ми, Божі створіння? Зовнішній вигляд і ставлення до молитви говорить про серце людини. Тому те, з яким серцем ми молимося, може бути так само важливим як і ставлення, з яким ми молимося.

2. Яка саме молитва догоджає Богові

З яким серцем ми повинні молитися, щоби наша молитва догодила Богові, і щоби Він відповів на неї?

1) Ви повинні молитися всім серцем

Прочитавши про те, як молився Ісус, ми дізналися про те, що щира молитва залежить від ставлення, з яким людина звертається до Бога. Із ставлення людини можна зробити висновок, з яким серцем вона молиться.

Давайте розглянемо молитву Якова у 32 главі Книги Буття. Попереду нього був поток Яббок. Яків відчув себе у скрутному становищі. Він не міг повернути назад, бо він домовився зі своїм дядьком Лаваном, що не переступить межу Ґал-Ед. Він не міг перейти поток Яббок, де з іншої сторони на нього чекав його брат Ісав та 400 сотні людей із ним, щоби схопити Якова. Все те відбувалося у ті відчайдушні часи, коли гордість Якова, на яку він покладався, була повністю знищена. Нарешті Яків зрозумів, що лише коли він повністю довірився Богові, і коли зворушилося його серце, всі його проблеми вирішилися. Коли Яків боровся у молитві так що змістився суглоб стегна, він нарешті отримав відповідь від Бога. Яків зміг зворушити серце Бога і примирився зі своїм братом, який очікував на нього.

Уважно прочитайте 1 Книгу Царів 18, де пророк Ілля отримав «відповідь вогнем» від Бога і прославив Його. Під час царювання Ахава процвітало поклоніння ідолам. Ілля без сторонньої допомоги змагався з 450 пророками Ваала і подолав їх, давши Божі відповіді і явивши свідоцтво живого Бога.

То був час, коли Ахав хотів звинуватити Іллю за три з половиною роки посухи, яка була в Ізраїлі, і розшукував його. Однак коли Бог наказав Іллі прийти до Ахава, той одразу послухався. Пророк прийшов до царя, який збирався вбити його, з покорою промовив те, що наказав йому Бог, і змінив все молитвою віри, в якій не було жодного сумніву. Робота покаяння була проголошена народові, який поклонявся ідолам, але повернувся до Бога. Крім того, Ілля нахилився до землі і поклав обличчя своє між коліна. Він щиро помолився про те, щоби виконати Божу роботу на землі, щоби закінчилася посуха, яка мучила землю три з половиною роки (1 Книга Царів 18:42).

Наш Бог нагадує нам у Книзі Пророка Єзекіїля 36:36-37: «*Я, ГОСПОДЬ, говорив це і зробив! Так говорить ГОСПОДЬ БОГ: Ще на це прихилюся до Ізраїлевого дому, щоб зробити їм: помножу їх, як людську отару!*» Інакше кажучи, хоча Бог пообіцяв Іллі дати сильний дощ для народу Ізраїля, дощ не міг початися, якби Ілля щиро не помолився. Щира молитва дійсно може зворушити і вразити Бога, Який одразу ж відповість нам і дозволить прославити Його.

2) Ви повинні голосно звертатися до Бога в молитві

Бог обіцяє, що буде прислуховуватися до нас і зустріне нас, якщо ми кликатимемо до Нього, молитимемося Йому і шукатимемо Його всім своїм серцем (Книга Пророка Єремії

29:12-13; Книга Приповістей 8:17). У Книзі Пророка Єремії 33:3 Він також обіцяє нам: *«Покликуй до Мене – і тобі відповім, і тобі розповім про велике та незрозуміле, чого ти не знаєш!»* Бог наказує нам звертатися до Нього в молитвах, бо якщо ми звертаємося до Нього в молитвах голосно, ми дійсно молимося всім серцем. Інакше кажучи, коли ми покликуємо до Нього у молитвах, ми відриваємося від земних думок, втоми і сонливості. Власні думки не переважають.

Однак у багатьох церквах та громадах навчають, що поводитися спокійно у храмі – це «благочестиво». Коли деякі браття голосно покликують до Бога, інші члени громади вважають це неправильним і навіть засуджують таких людей, вважаючи їх єретиками. Однак це було викликано незнанням Божого Слова і Його волі.

Ранні церкви, які були свідками прояву Божої сили і відродження, могли догоджати Богові у повноті Святого Духу, однодушно піднісши свій голос до Бога (Книга Дії 4:24). Навіть у наш час ми можемо побачити прояв безлічі дивних знамень і див, велике відродження у церквах, які голосно покликують до Бога і живуть за Його волею.

«Поклукувати до Бога» означає щиро молитися Богові гучним голосом. Через таку молитву браття і сестри у Христі можуть сповнитися Святого Духу, тоді як сили ворога-диявола відійдуть, вони можуть отримати відповіді на свої молитви а також духовні дари.

В Біблії є безліч прикладів, коли Ісус та багато праотців віри покликували до Бога гучним голосом і отримували відповіді.

Давайте роздивимося декілька прикладів із Старого Заповіту.

У Книзі Вихід 15:22-25 описується історія, яка сталася з народом Ізраїлю, після того як вони вийшли з Єгипту, перейшли через Червоне море, води якого розступилися по вірі Мойсея. Оскільки віра Ізраїльтян була малою, вони нарікали на Мойсея, коли не могли знайти воду, коли вони вийшли до пустині Шур. Після того як Мойсей «покликав» до Бога, гірка вода Мари перетворилася на солодку.

У книзі Числа 12 розповідається про те, як сестру Мойсея Маріям вразила проказа після того як вона нарікала на нього. Коли Мойсей покликав до Бога, говорячи: *«Боже, вилікуй же її!»*, Бог зцілив Маріям від прокази.

У 1 Книзі Самуїловій 7:9 написано: *«І взяв Самуїл одне молочне ягня, і приніс його повним цілопаленням для ГОСПОДА. І кликав Самуїл до ГОСПОДА за Ізраїля, а ГОСПОДЬ відповів йому».*

У 1 Книзі Царів 17 записана історія про вдовицю із Сарепти, яка гостинно прийняла у себе в домі Іллю, Божого слугу. Коли її син захворів і помер, Ілля покликав до Бога і сказав: *«ГОСПОДИ, Боже мій, нехай вернеться душа цієї дитини в неї!»* Бог почув голос Іллі, і душа хлопчика вернулась у нього і хлопчик ожив (1 Книга Царів 17:21-22). Коли Бог почув крик Іллі, ми читаємо, що Бог задовольнив прохання пророка.

Йона, якого проковтнула риба, через його непослух, також отримав спасіння, бо голосно молився до Господа, Бога свого. У Книзі Пророка Йони 2:3 написано: *«Я кликав з нещастя свого до ГОСПОДА, і відповідь дав Він мені, із нутра шеолу кричав я, і почув Ти мій голос!»* Бог почув поклик Йони і врятував його. Незалежно від того, наскільки жахливою і тяжкою може бути ситуація, схожа на ситуацію Йони, Бог задовольнить бажання нашого серця, відповість нам, вирішить наші проблеми, якщо ми покаємося у наших провинах і покличемо до Нього.

У Новому Заповіті також багато епізодів, коли люди кликали до Бога.

В Євангелії від Івана 11:43-44 написано, що Ісус скричав гучним голосом: *«Лазарю, – вийди сюди»*, і вийшов померлий, по руках і ногах обв'язаний пасами, а обличчя у нього було перев'язане хусткою. Для мертвого Лазаря не було різниці, прокричав би Ісус гучним голосом, чи прошепотів до нього. Однак Ісус гучним голосом звернувся до Бога. Ісус воскресив Лазаря, чиє тіло було мертве вже чотири дні, за допомогою молитви, за волею Бога, і явив

Божу славу.

В Євангелії від Марка 10:46-52 написано про зцілення сліпого на ім'я Вартимей:

«А коли з Єрихону виходив Він [Ісус] разом із Своїми учнями й з безліччю люду, сидів і просив при дорозі сліпий Вартимей, син Тимеїв. І, прочувши, що то Ісус Назарянин, почав кликати та говорити: Сину Давидів, Ісусе, змилуйся надо мною! І сварились на нього багато-хто, щоб мовчав, а він іще більше кричав: Сину Давидів, змилуйся надо мною! І спинився Ісус та й сказав: Покличте його! І кличуть сліпого та й кажуть йому: Будь бадьорий, устань, Він кличе тебе. А той скинув плаща свого, і скочив із місця, і прибіг до Ісуса. А Ісус відповів і сказав йому: Що ти хочеш, щоб зробив Я тобі? Сліпий же Йому відказав: Учителю, нехай я прозрю! Ісус же до нього промовив: Іди, твоя віра спасла тебе! І той зараз прозрів, і пішов за Ісусом дорогою».

У Книзі Дії 7:59-60 коли диякона Степана били камінням, в результаті чого він помер мученицькою смертю, він молився і казав: *«Господи Ісусе, – прийми духа мого!»* Упавши ж навколішки, скрикнув голосом гучним: *«Не залічи їм, о Господи, цього гріха!»*

А у Книзі Дії 4:23-24, 31 написано: *«Коли ж їх [Петра та Івана] відпустили, вони до своїх прибули й сповістили, про що первосвященики й старші до них говорили. Вони ж, вислухавши, однодушно свій голос до Бога піднесли й промовили: Владико, що небо, і землю, і море, і все, що в них є, Ти створив! Як вони ж помолились, затряслося те місце, де зібрались були, і переповнилися всі Святим Духом, і зачали говорити Слово Боже з сміливістю!»*

Коли ви кличете до Бога, ви можете стати справжнім свідком Ісуса Христа і явити силу Святого Духа.

Бог наказав нам, щоби ми покликували до Нього навіть під час посту. Якщо під час посту ми більшість свого часу проводимо у сні через виснаження, ми не отримаємо відповідей від Бога. У Книзі Пророка Ісаї 58:9 Бог пообіцяв: *«Тоді кликати будеш і ГОСПОДЬ відповість, будеш кликати і Він скаже: Ось Я!»* Відповідно до Його обітниці, якщо ми покликуємо до Нього під час посту, благодать і сила згори зійде на нас, і ми будемо переможними і отримаємо Божі відповіді.

У Притчі про несправедливого суддю та вдовицю Ісус задав риторичне запитання: *«А чи ж Бог в оборону не візьме обраних Своїх, що голосять до Нього день і ніч, хоч і бариться Він щодо них?»* і наказав нам покликувати до Нього у молитві (Євангеліє від Луки 18:7).

Тому як говорить Ісус в Євангелії від Матвія 5:18: *«Поправді ж кажу вам: доки небо й земля не минеться, ані йота єдина, ані жаден значок із Закону не минеться, аж поки не збудеться все»*, коли Божі діти моляться, для них звичайно покликувати у молитві. Це наказ Божий. Його Закон говорить, що ми маємо вживати плід своєї важкої праці. Ми можемо отримати Божі відповіді, якщо покликуватимемо до Нього.

Дехто може різко заперечити, засновуючи свої заяви на словах, записаних в Євангелії від Матвія 6:6-8, і запитати: «Чи повинні ми покликувати до Бога, якщо Він вже знає наші потреби до того, як ми попросимо?» або «Для чого покликувати, якщо Ісус наказав молитися в таїні за зачиненими дверима?» Однак ніде в Біблії ви не знайдете прикладу, щоби люди молилися в тайні у своїй кімнаті.

Дійсне значення уривку з Євангелія від Матвія 6:6-8 – змусити молитися всім серцем. Увійдіть у свою кімнату і зачиніть двері за собою. Якщо ви будете у кімнаті із зачиненими дверима, ви будете відрізаними від зовнішніх контактів, чи не так? Саме як ми будемо відрізаними від зовнішнього світу у власній кімнаті із зачиненими дверима, Ісус в Євангелії від Матвія 6:6-8 наказує нам відрізати себе від усіх своїх думок, земних думок, занепокоєння турбот та іншого і молитися всім серцем.

Крім того, Ісус розповів нам цю історію як урок, щоби люди знали, що Бог не чує молитви фарисеїв та священників, які за часів Ісуса молилися голосно, щоби їх всі бачили. Ми не повинні стати гордими від кількості вимовлених молитов. Навпаки, ми повинні боротися у своїх молитвах всім своїм серцем, прагнучи до Бога, Який досліджує наші серця і думки, до Всемогутнього, Який знає всі наші потреби і бажання, до Того, Хто є нашим «всім в усьому».

Важко молитися всім серцем подумки. Спробуйте помолитися вночі подумки із заплющеними очима. Скоро ви відчуєте, як намагаєтеся побороти втому і земні думки. Коли вам набридне відганяти сон, ви заснете раніше ніж дізнаєтеся про це.

Замість молитви у спокої кімнати, *«Він [Ісус] вийшов на гору молитися, і перебув цілу ніч на молитві до Бога»* (Євангеліє від Луки 6:12), а також *«А над ранком, як дуже ще темно було, уставши, Він вийшов і пішов у місце самітне, і там молився»* (Євангеліє від Марка 1:35). Вікна у горниці пророка Даниїла були відкриті навпроти Єрусалима, і він продовжував падати на коліна тричі на день, молячись і славлячи свого Бога (Книга Пророка Даниїла 6:10). Петро вийшов на горницю, щоби помолитись (Книга Дії 10:9), а апостол Павло вийшов за брами до річки, де за звичаєм було місце молитви, і молився на тому місці, коли перебував у у Филипах (Книга Дії 16:13; 16). Ці люди визначали особливі місця для молитви, тому що бажали молитися всім серцем. Ви повинні молитися так, щоби ваша молитва могла зворушити сили ворога-диявола, правителя царства повітря, і проникнути до престолу, що на небесах. Лише тоді ви сповнитеся Святим Духом, ваші спокуси зникнуть, і всі ваші проблеми, великі і малі, вирішаться.

3) Ваша молитва повинна мати ціль

Деякі люди садять дерева задля гарного будівельного матеріалу. Інші – щоби мати врожай фруктів. А дехто садить дерева, щоби створити гарний сад. Якщо люди садять дерева без особливої мети, перед тим як молоде деревце виросте і стане високим і старим, людина може вже і забути про нього, бо вона захопилася іншою справою.

Наявність чіткої мети у будь-яких намаганнях, спонукає ті намагання і дає швидші і кращі результати і досягнення. Однак без чіткої мети зусилля не зможуть протистояти навіть малій заваді, бо якщо не буде напрямку, виникатимуть лише сумніви і відмови.

Ми повинні мати чітку ціль, коли молимося до Бога. Нам була дана обіцянка, що ми отримаємо від Бога все, чого тільки попросимо, якщо матимемо відвагу до Бога (1 Послання Івана 3:21-22), і якщо ціль нашої молитви зрозуміла, ми зможемо молитися ще гарячіше, і наполегливіше. Якщо наш Бог не побачить нічого у нашому серці, за що можна було би нас засудити, Він дасть нам все, про що ми просимо. Ми завжди повинні пам'ятати про ціль своєї молитви і молитися так, щоби догодити Богові.

4) Ви повинні молитися за вірою

Оскільки кожна людина має свою міру віри, кожна людина отримає відповіді від Бога відповідно до своєї віри. Коли люди вперше приймають Ісуса Христа і відкривають своє серце, Святий Дух оселяється у ньому, і Бог приймає їх як своїх дітей. Це відбувається тоді, коли їхня віра має розмір з гірчичне зерно.

Якщо вони святитимуть День Господній і продовжуватимуть молитися, намагатимуться виконувати Божі заповіді і жити за Його Словом, їхня віра буде зростати. Однак коли вони постануть перед випробуваннями і стражданнями ще до того як вони твердо стоятимуть на скелі віри, вони можуть сумніватися у Божій силі та інколи засмучуватись. Однак коли вони вже стали на скелю віри, вони не впадуть за жодних обставин, але споглядатимуть на Бога з вірою і продовжуватимуть молитися. Бог бачить таку віру, і Він вчинить добро тим, хто любить Його.

Якщо люди накопичуватимуть молитву на молитву з силою згори, вони боротимуться з гріхом і будуть схожими на Господа. Вони матимуть чітку ідею про волю Господа і будуть їй покірні. Така віра догоджає Богові, тож такі люди отримають все, про що попросять. Коли люди наближатимуться до цієї міри віри, вони відчують обітницю, про яку написано в Євангелії від Марка 16:17-18: *«А тих, хто ввірує, супроводити будуть ознаки такі: у Ім'я Моє демонів будуть вигонити, говоритимуть мовами новими, братимуть змій; а коли смертодійне що вип'ють, не буде їм шкодити; кластимуть руки на хворих, і добре їм буде!»* Люди сильної віри отримають відповіді відповідно до своєї віри, а люди, які мають слабку віру, також отримають відповіді в залежності від своєї віри.

Існує «егоцентрична віра», яку ви отримуєте самостійно, а також «віра, яку дає Бог». «Егоцентрична віра» не узгоджується з діями людини, але віра, яку дає Бог – це духовна віра, яка завжди супроводжується справами. В Біблії говориться про те, що віра – то підстава сподіваного (Послання до євреїв 11:1), а «егоцентрична віра» не дає упевненості. Навіть якщо людина може мати віру, що здатна розділити води Червоного моря і зрушити гору, маючи «егоцентричну віру» людина не може мати упевненості у Божих відповідях.

Бог дає нам «живу віру», яка супроводжується справами, якщо ми, відповідно до нашої власної віри в Нього, коримося, проявляємо свою віру у справах і молимося. Якщо ми являємо Йому віру, яку ми вже маємо, така віра поєднається з «живою вірою», яку Він додасть нам, яка у свою чергу стане великою вірою, завдяки якій ми негайно зможемо отримувати відповіді від Бога. Інколи люди відчувають безперечну упевненість у Божих відповідях. Таку віру дає їм Бог. І якщо люди мають таку віру, це означає, що вони вже отримали відповіді на свої молитви.

Тому без жодного сумніву ми повинні повністю довіряти обітниці, яку Ісус дав нам в Євангелії від Марка 11:24: *«Через це говорю вам: Усе, чого ви в молитві попросите, вірте, що одержите, і сповниться вам»*. Ми повинні молитися доки не запевнимося у Божих відповідях, і отримувати все, про що попросимо у молитві (Євангеліє від Матвія 21:22).

5) Ви повинні молитися з любов'ю

У Посланні до євреїв 11:6 написано: *«Догодити ж без віри не можна. І той, хто до Бога приходить, мусить вірувати, що Він є, а тим, хто шукає Його, Він дає нагороду»*. Якщо ми віримо, що отримаємо відповіді на всі свої молитви, і накопичимо їх у якості небесних нагород, ми не відчуємо втоми та важкості під час молитви.

Саме як Ісус боровся під час молитви перед тим як віддати Своє життя за людство, якщо ми молитимемося з любов'ю за душі інших людей, наша молитва також буде щирою. Якщо ви можете молитися зі щирою любов'ю за інших, це означає, що ви можете поставити себе не місце тих людей і побачити їхні проблеми як свої, таким чином тим більше щиро молячись.

Наприклад, припустимо, ви молитеся за будівництво церковного храму. Ви повинні молитися з таким же серцем, якби ви молилися за будівництво власного будинку. Саме як ви будете просити про ділянку землі, робітників, про матеріали для власного будинку, ви повинні просити про все необхідне для будівництва храму. Якщо ви молитеся за хворого, ви повинні поставити себе на його місце і боротися у молитві від усього серця, ніби його біль і страждання – ваші власні.

Щоби виконати Божу волю, Ісус звичайно ставав на коліна і боровся у молитві з любов'ю до Бога і до всього людства. В результаті шлях спасіння було відкрито, і всі, хто приймає Ісуса Христа, тепер можуть отримати прощення за свої гріхи і насолоджуватися владою, яка була дана йому як Божій дитині.

Засновуючись на тому, як молився Ісус, а також на головних особливостях молитви, яка догоджає Богові, ми повинні перевірити своє ставлення і серце, молитися з таким ставленням і з таким серцем, які догоджають Богові, і отримувати від Нього все, про що ми просимо в молитві.

Розділ 4

Щоб не впасти на спробу

Євангеліє від Матвія 26:40-41

І, вернувшись до учнів, [Ісус]
знайшов їх, що спали,
і промовив Петрові:
«Отак, – не змогли ви
й однієї години попильнувати зо Мною?...
Пильнуйте й моліться,
щоб не впасти на спробу, –
бадьорий бо дух, але немічне тіло».

1. Молитовне життя: подих нашого духу

Наш Бог живий. Він наглядає за життям людей, за їхньою смертю, прокляттям і благословенням, а також любов'ю, справедливістю, і доброчестям. Він не бажає, щоби Його діти потрапили у спокусу, або щоби їх спіткали страждання, але щоби вони у своєму житті мали лише благословення. Тому Він послав на землю Святого Духа, Порадника, який допомагатиме Своїм дітям подолати цей світ, вигнати ворога-диявола, жити здоровим і радісним життям і досягти спасіння.

Бог дав нам Свою обітницю, яка записана у Книзі Пророка Єремії 29:11-12: *«Бо Я знаю ті думки, які думаю про вас, говорить Господь, думки спокою, а не на зло, щоб дати вам будучність та надію. І ви кликатимете до Мене, і підете, і будете молитися Мені, а Я буду прислуховуватися до вас».*

Якщо ми бажаємо жити у спокої і надії, ми повинні молитися. Якщо ми будемо постійно молитися впродовж свого християнського життя, ми не будемо спокушатися, наша душа процвітатиме, те, що здається «неможливим» стане «можливим», все в нашому житті буде добре, і наше здоров'я буде гарним. Однак, якщо Божі діти не будуть молитися, вони постануть перед випробуваннями і бідами, бо ваш супротивник – диявол – ходить, ричучи, як лев, що шукає пожерти кого.

Саме як життя завершиться, якщо ми не будемо дихати, важливість молитви в житті Божих дітей важко переоцінити. Тому Бог наказує нам молитися безперестанку (1 Послання до солунян 5:17), нагадує, що відсутність молитви – це гріх (1 Книга Самуїлова 12:23), а також вчить нас молитися, щоби не впасти на спробу (Євангеліє від Матвія 26:41).

Новим віруючим, які недавно прийняли Ісуса Христа, молитися важко, тому що вони не знають, як молитися. Наш мертвий дух відродився, коли ми прийняли Ісуса Христа і отримали Святого Духа. Людина за своїм духовним станом схожа на дитину. Тож їй дійсно важко молитися.

Однак якщо вони продовжуватимуть молитися і робити хліб із Божого Слова, їхній дух зміцниться і їхня молитва стане сильнішою. Саме як люди не можуть жити не дихаючи, вони починають розуміти, що не можуть жити без молитви.

У моєму дитинстві діти змагалися: хто на довше затримає подих. Двоє дітей одночасно ставали обличчям один до одного і глибоко дихали. Коли їм говорили «Приготуйтесь...» ті двоє дихали якомога сильніше. Коли «арбітр» говорив: «Марш!», двоє учасників змагання затримували подих, при цьому вони виглядали дуже рішуче.

Спочатку здається, що затримати подих не дуже важко. Але проходить трохи часу, і діти відчувають задуху, а їхні обличчя стають червоними. Наприкінці вони вже не можуть стримувати подих і змушені видихнути. Жодна людина не може жити, якщо перестане дихати.

Те саме відбувається з молитвою. Коли духовна людина перестає молитися, спочатку вона не помічає різниці. Однак з часом його серце засмучується і знепокоюється. Якби ми могли побачити дух тієї людини своїми очима, ми би побачили, що він майже задихнувся. Якщо людина зрозуміє, що все це через те, що вона перестала молитися, і знову почне молитися, вона знову зможе жити нормальним християнським життям. Однак якщо людина продовжуватиме чинити гріх, не молячись, її серце стане нещасним і виснаженим, і вона відчує, що справи ідуть погано.

«Зробити перерву» у молитвах – це не Божа воля. Саме як ми важко дихаємо доки наше дихання не повернеться у норму, повернення до нормального молитовного життя буде важким і потребує більше часу. Чим більше була «перерва», тим більше часу знадобиться для відновлення молитовного життя.

Люди, які розуміють, що молитва – це дихання їхнього духу, не вважають молитву важкою. Якщо вони постійно моляться, ніби дихають, вони не вважатимуть молитву важкою, вони будуть спокійнішими, сповненими надії, радіснішими за тих, хто не молиться. Це тому що вони отримують Божі відповіді і прославляють Бога своїми молитвами.

2. Чому спокуси спіткають тих людей, які не моляться

Ісус встановив для нас приклад молитви і наказав Своїм учням пильнувати і молитися, щоби не впасти на спробу (Євангеліє від Матвія 26:41). Інакше кажучи, це означає, що якщо ми не молимося постійно, нас спіткатимуть спокуси. Тоді чому спокуси не спіткають тих, хто не молиться?

Бог створив першу людину, Адама, зробив його душею живою і дозволив йому спілкуватися з Богом, Який є дух. Після того, як Адам з'їв плід з дерева знання добра і зла, не послухавшись Бога, дух Адама помер, його спілкування з Богом припинилося, і його було вигнано з еденського раю. Оскільки ворог-диявол, правитель царства повітря, захопив владу над людиною, яка вже не мала змоги спілкуватися з Богом, Який є Дух, людина стала поступово і все більше грузнути у гріхах.

Оскільки заплатою за гріх є смерть (Послання до римлян 6:23), Бог показав Своє провидіння щодо спасіння через Ісуса Христа для всього людства, яке було приречене на смерть. Бог вважає своїми дітьми кожного, хто приймає Ісуса Христа як свого Спасителя, визнає, що він грішник, і кається, і на знак запевнення Бог дає йому Святого Духа.

Святий Дух – Порадник, Якого послав Бог, виявить світові про гріх, і про правду, і про суд (Євангеліє від

Івана 16:8), заступається за нас невимовними зідханнями (Послання до римлян 8:26), а також дає змогу подолати світ.

Щоби сповнитися Святим Духом і отримати Його керівництво, абсолютно необхідною є молитва. Лише якщо ми молимося, Святий Дух промовлятиме до нас, управлятиме нашим серцем і розумом, попередежає нас про минучі спокуси, розповідає нам, як краще уникнути спокус, а також допомагає подолати спокуси навіть якщо вони з нами трапилися.

Однак без молитви неможливо відрізнити Божу волю від волі людини. У погоні за земними бажаннями люди без постійного молитовного життя житимуть відповідно до своїх старих звичок і розумітимуть правду відповідно до своєї власної праведності. Отже на них накладатимуться спокуси і страждання, коли їх спіткатимуть труднощі.

У Посланні Якова 1:13-15 читаємо: *«Випробовуваний, хай не каже ніхто: Я від Бога спокушуваний. Бо Бог злом не спокушується, і нікого Він Сам не спокушує. Але кожен спокушується, як надиться й зводиться пожадливістю власною. Пожадливість потому, зачавши, народжує гріх, а зроблений гріх народжує смерть».*

Інакше кажучи, спокуси спіткають людей, які не моляться, тому що вони не можуть відрізнити Божу волю від волі людини. Вони спокушаються земними бажаннями і зазнають тяжких випробувань, бо не можуть подолати спокуси. Бог бажає, щоби всі Його діти навчилися бути задоволеними своїми обставинами, дізналися про те, що означає бідувати і що значить жити у достатку, а також дізнатися секрет як бути задоволеними із того, що маєш, у достатку або голоді, у достатку чи недостачі (Послання до филип'ян 4:11-12).

Однак оскільки земні бажання зачинають та народжують гріх, а заплата за гріх смерть, Бог не може захистити людей, які продовжують грішити. По мірі того як люди зогрішили, ворог-диявол дає їм часи випробувань і страждань. Деякі люди, які потрапили у спокусу, розчаровують Бога, говорячи, що Він спокушає і змушує їх страждати. Однак це означає, що люди затаїли образу на Бога. І такі люди не можуть подолати спокуси, і не залишають місця Богові, щоби Він чинив їм добро.

Отже Бог наказує, щоби ми знищили всяке винесення, що підіймається проти пізнання Бога, і полонили всяке знання на послух Христові (2 Послання до коринтян 10:5). А у Посланні до римлян 8:6-7 Він нагадує нам: *«Бо думка тілесна то смерть, а думка духовна життя та мир, думка бо тілесна ворожнеча на Бога, бо не кориться Законові Божому, та й не може».*

Більшість інформації, яку ми отримали і зберегли у своїх думках як «правдиву» перед тим як зустріли Бога, нами визнається неправдивою у світі істини. Отже ми можемо повністю триматися Божої волі, коли ми знищуємо всі необґрунтовані та тілесні думки. Крім того, якщо ми бажаємо знищити докази та претензії і скоритися істині, ми повинні молитися.

Інколи Бог любові виправляє Своїх улюблених дітей, щоби вони не пішли шляхом вниз до руйнування і дозволяє, щоби їх спіткали спокуси, щоби вони покаялися і відвернулися від своїх шляхів. Коли люди досліджують себе і каються в усьому, що вони зробили неправильного з точки зору Бога, продовжують молитися, споглядаючи на Того, Хто все обертає на добро для тих, хто любить Його, завжди радіють, Бог побачить їхню віру і неодмінно їм відповість.

3. Бадьорий бо дух, але немічне тіло

У ніч перед тим, як Ісуса розіп'яли на хресті, Він пішов зі Своїми учнями у місце, яке називалося Гефсиманія і молився. Побачивши, що учні сплять, Ісус промовив: *«Бадьорий бо дух, але немічне тіло»* (Євангеліє від Матвія 26:41).

В Біблії зустрічаються такі терміни: «тіло», «тілесне», «учинки тіла». З однієї сторони «тіло» протилежить «духові», і взагалі належить до всього розбещеного і змінюваного. Воно стосується будь-якого творіння, включаючи людину, яка ще не змінилася за допомогою істини, рослини, всі тварини та подібне. А «дух» означає все вічне, істинне і незмінне.

Від часів непокори Адама, всі чоловіки і жінки мають вроджену гріховну природу, первородний гріх. «Вчинені гріхи» – це прояви неправди, вчинені внаслідок підбурювання ворогом-дияволом. Людина стає «тілом», коли неправда безчестить її тіло, і тіло поєднується з гріховною природою. У Посланні до римлян 9:8 говориться про «тілесних дітей». Написано: *«Цебто, не тілесні діти то діти Божі, але діти обітниці признаються за насіння».* А у Посланні до римлян 13:14 нам дається попередження: *«Зодягніться Господом Ісусом Христом, а догодження тілу не обертайте на пожадливість!»*

Крім того, «тілесне» – це різноманітні ознаки гріха, як обман, заздрість, ревнощі і ненависть (Послання до римлян 8:5-8). Вони ще можуть не проявитися фізично, але можуть бути змушені виявитися одного разу. Коли ці бажання втілюються у життя, вони називаються *«учинками тіла»* (Послання до галатів 5:19-21).

Що має на увазі Ісус під словами «немічне тіло»? Чи мав Він на увазі фізичний стан Своїх учнів? Колишні рибалки Петро, Яків та Іван були на вершині життя і мали міцне здоров'я. Для чоловіків, які ловили рибу вночі і звикли не спати по декілька годин, то була не проблема. Однак навіть після того, як Ісус наказав їм не спати і пильнувати разом з Ним, троє учнів не змогли молитися і заснули. Можливо, вони пішли в Гефсиманію, щоби помолитися разом з Ісусом, але вони бажали цього лише в душі. Коли Ісус сказав, що вони мають «немічне» тіло, Він мав на увазі те, що вони не могли зупинити бажання плоті, які спокушали їх заснути і відпочити.

Петро, один з найулюбленіших учнів Ісуса, не міг молитися, бо його тіло було немічним, незважаючи на те, що того бажав дух. І коли Ісуса заарештували і коли його життя стало під загрозою, він тричі відмовився від Ісуса, сказавши, що не знає Його. Це все відбулося до воскресіння і вознесіння Ісуса на небо. І Петра охопив великий страх, бо він ще не отримав Святого Духа. Після того, як Петро отримав Святого Духа, він воскрешав мертвих, являв знамення і дива, став сміливим і був розіп'ятим вниз головою. Ми вже ніде не можемо знайти ознаки слабкості Петра, бо він перетворився на сміливого апостола, який має Божу силу і не боїться смерті. Все це тому, що Ісус пролив Свою дорогоцінну, безгрішну і бездоганну кров, і визволив нас від наших недугів, бідності і слабкості. Якщо ми живемо за вірою і у покорі до Божого Слова, ми будемо насолоджуватися гарним здоров'ям, як фізичним, так і духовним, зможемо робити те, що звичайно люди робити не можуть, і все для нас стає можливим.

Однак інколи люди, які грішать, замість того, щоби покаятися у своїх гріхах, говорять: «Тіло немічне», вважаючи при цьому, що грішити – це природно. Такі люди промовляють такі слова, тому що не знають істини. Припустимо, батько дав своєму сину 1 000 доларів. Чи не безглуздям буде, якщо син покладе гроші у кишеню і скаже батькові: «В мене немає грошей, ані копійки»? Батько дуже засмутиться, якщо його син, тримаючи у кишені 1 000 доларів, не куплятиме собі їжі і голодуватиме. Тому для тих, хто отримав Святого Духа, вираз «немічне тіло», – це оксюморон.

Я бачив багато людей, які зазвичай лягали спати о 10 вечора, але після отримання допомоги від Святого Духу, почали відвідувати «Нічні п'ятничні служби». Вони не стомлюються і не відчувають сонливості, кожну п'ятницю віддаючи Богові у повноті Святого Духу. Це тому що у повноті Святого Духу зір духовних очей стає гострішим, серця людей сповнені радістю, вони не відчувають втоми, і їхні тіла стають легшими.

Оскільки ми живемо в еру Святого Духа, ми не повинні зупиняти свої молитви або грішити, через те що наше «тіло немічне». Навпаки, завжди перебуваючи напоготові та у постійній молитві, ми повинні отримувати допомогу Святого Духа і позбуватися вчинків тіла і старанно жити у Хресті, завжди виконуючи лише Його волю.

4. Благословення для людей, які пильнують і моляться

У 1 Посланні Петра 5:8-9 написано: *«Будьте тверезі, пильнуйте! Ваш супротивник диявол ходить, ричучи, як лев, що шукає пожерти кого. Противтесь йому, тверді в вірі, знавши, що ті самі муки трапляються й вашому братству по світі»*. Ворог, сатана і диявол, правитель царства повітря, намагається спокусити віруючих в Бога, щоби вони віддалилися, щоби зашкодити Його народу отримати віру.

Щоби викорінити дерево, сперш́у треба його потрясти. Якщо стовбур великий і товстий, а коріння знаходиться глибоко у землі, його трясти буде марно, тож людина залишить це дерево і почне трясти інше. Якщо здасться, що друге дерево можна викорінити значно легше, ніж перше, людина сповниться більшої рішучості і почне трясти дерево ще сильніше. Так само ворог-диявол, який бажає спокусити нас, буде вигнаний, якщо ми проявимо твердість. Однак навіть якщо нас трохи потрясуть, ворог-диявол продовжуватиме спокушати нас, щоби збити нас з ніг.

Для того, щоби побачити і знищити плани ворога-диявола і прямувати у світі, живучи за Божим Словом, ми повинні боротися у молитві і отримати дану Богом силу і владу згори. Ісус, єдиний Син Божий, міг здійснити все за волею Бога завдяки силі молитви. Перед початком Свого служіння людям Ісус готувався, постив протягом сорока днів і ночей, і впродовж трьох років свого служіння Він явив дивовижні справи Божої сили, постійно молячись. Наприкінці Свого служіння Ісус міг знищити владу смерті і подолати її воскресінням, тому що Він боровся в молитві у Гефсиманії. Тому наш Господь попереджав нас: «Будьте тривалі в молитві, і пильнуйте з подякою в ній!» (Послання до колосян 4:2), а також: *«Кінець же всьому наблизився. Отже, будьте мудрі й пильнуйте в молитвах!»* (1 Посланні Петра 4:7) Він також вчив нас молитися: *«І не введи нас у випробовування, але визволи нас від лукавого»* (Євангеліє від Матвія 6:13). Запобігання спокусам надзвичайно важливе. Якщо ви спокушаєтеся, це означає, що ви не подолали цього, стомилися і відступили у вірі, все це не догоджає Богові.

Якщо ми пильнуємо і молимося, Святий Дух навчає нас іти правильним шляхом, і ми боремося проти гріхів і позбуваємося їх. Крім того, із процвітанням нашої душі наше серце буде схоже на серце Господа, у нас все буде добре у всіх аспектах нашого життя і ми отримаємо благословення гарним здоров'ям.

Молитва – це ключ до того, щоби все в нашому житті велося добре, щоби ми могли отримати благословення гарним здоров'ям душі і тіла. У 1 Посланні Івана 5:18 написано: *«Ми знаємо, що кожен, хто народився від Бога, не грішить, бо хто народився від Бога, той себе береже, і лукавий його не торкається».* Тому якщо ми пильнуємо, молимося і ходимо у світлі, ми збережемося від ворога-диявола, і навіть якщо ми потрапимо у спокусу, Бог покаже нам способи порятунку, і все зробить на добро для тих, хто любить Його.

Оскільки Бог наказав нам молитися безперестанку, ми повинні стати Його благословенними дітьми, які живуть християнським життям, пильнуючи, відганяючи ворога-диявола і отримуючи все, чим Бог збирається благословити нас.

У 1 Посланні до солунян 5:23 написано: *«А Сам Бог миру нехай освятить вас цілком досконало, а непорушений дух ваш, і душа, і тіло нехай непорочно збережені будуть на прихід Господа нашого Ісуса Христа!»*

Бажаю, щоби кожен з вас отримав допомогу Святого Духа, пильнуючи і постійно перебуваючи у молитві, щоби ваше серце стало безгрішним і чистим, як серце Божої дитини, щоби ви позбулися гріховної природи і обрізавши своє серце Святим Духом, насолоджувались владою як Його діти. В ім'я Господа нашого Ісуса Христа я молюся про те, щоби ваша душа процвітала, все у вашому житті було успішним, щоби ви отримали благословення гарним здоров'ям, і віддавали славу Богові в усіх своїх справах!

Розділ 5

Молитва праведного

Послання Якова 5:16-18

Дуже могутня ревна молитва праведного!
Ілля був людина, подібна до нас пристрастями,
І він помолився молитвою, щоб дощу не було,
І дощу не було на землі аж три роки й шість місяців...
І він знов помолився,
І дощу дало небо, а земля вродила свій плід!

1. Молитва віри, що виліковує хворих

Якщо ми озирнемося на своє життя, ми побачимо, що колись ми молилися посеред страждання, а колись – прославляли і раділи після отримання Божих відповідей. Були часи, коли ми молилися про зцілення наших коханих, а також часи, коли ми прославляли Бога після того як за молитвою ставалося таке, що людина зробити не може.

У Посланні до євреїв 11 багато говориться про віру. У 1 вірші нам нагадується: *«А віра то підстава сподіваного, доказ небаченого»*. Тоді як *«Догодити ж без віри не можна. І той, хто до Бога приходить, мусить вірувати, що Він є, а тим, хто шукає Його, Він дає нагороду»* (вірш 6).

Віра значною мірою розділена на «тілесну віру» і «духовну віру». З одного боку тілесною вірою ми можемо повірити у Боже Слово лише коли Слово узгоджується з нашими думками. Ця тілесна віра не приносить жодних змін до нашого життя. З іншої сторони за допомогою духовної віри ми можемо повірити у силу живого Бога і Його Слово як воно є, якщо воно не співпадає з нашими думками або припущеннями. Якщо ми повіримо у роботу Бога, Який створив все із нічого, ми відчуємо помітні зміни у своєму житті, а також Його дивовижні знамення і дива, і повіримо у те, що все насправді можливо для тих, хто вірить.

Тому Ісус сказав нам: *«А тих, хто ввірує, супроводити будуть ознаки такі: у Ім'я Моє демонів будуть вигонити, говоритимуть мовами новими, братимуть змій; а коли смертодійне що вип'ють, не буде їм шкодити; кластимуть руки на хворих, і добре їм буде!»* (Євангеліє від Марка 16:17-18), *«Тому, хто вірує, все можливе!»* (Євангеліє від Марка 9:23), а також: *«Через це говорю вам: Усе, чого ви в молитві попросите, вірте, що одержите, і сповниться вам»* (Євангеліє від Марка 11:24).

Яким чином ми можемо отримати духовну віру і відчути з перших рук велику силу нашого Бога? Над усе ми повинні запам'ятати, що сказав апостол Павло у 2 Посланні до коринтян 10:5: *«Ми руйнуємо задуми, і всяке винесення, що підіймається проти пізнання Бога, і полонимо всяке знання на послух Христові»*. Ми вже не повинні вважати істинними знання, які ми накопичили до теперішнього моменту. Замість цього ми повинні спростувати всі припущення, які порушують Боже Слово, бути покірними Його Слову, істині, і жити за ним. Якщо ми залишимо тілесні думки і видалимо неправду зі свого серця, наша душа процвітатиме, і ми отримаємо духовну віру.

Духовна віра – це міра віри, яку Бог дав кожному з нас (Послання до римлян 12:3). Після того, як ми почули Євангеліє і прийняли Ісуса Христа, наша віра буде подібна до зерна гірчичного. Якщо ми будемо продовжувати ходити на богослужіння, слухати Боже Слово і жити за ним, ми станемо більш праведними. Крім того, коли наша віра стане більшою, нас будуть супроводжувати знамення, які супроводжували віруючих.

Той, хто молиться про зцілення хворих, повинен мати духовну віру. Сотник, слуга якого лежав розслаблений і тяжко страждав, про якого розповідається в Євангелії від Матвія 8, мав віру, що його слуга одужає, якщо Ісус промовить лише слово. Слуга його одужав у той же час (Євангеліє від Матвія 8:5-13).

Крім того, якщо ми молимося про зцілення, ми повинні бути сміливими у своїй вірі і не сумніватися, тому що як говорить нам Боже Слово: *«Але нехай просить із вірою, без жадного сумніву. Бо хто має сумнів, той подібний до морської хвилі, яку жене й кидає вітер. Нехай бо така людина не гадає, що дістане що від Господа»* (Послання Якова 1:6-7).

Бог радіє, коли бачить сильну і тверду віру, яка не гойдається взад і вперед. І коли ми об'єднуємося у любові і молимося за хворих з вірою, Бог працюватиме ще більше. Тому що хвороба – це результат гріха, а Бог – ГОСПОДЬ, наш Лікар (Книга Вихід 15:26), коли ми признаємося один перед одним у своїх прогріхах, і молимося один за одного, Бог дає нам прощення і зцілення.

Якщо ви молитеся духовною вірою і маєте духовну

любов, ви відчуєте великі справи Бога, свідчитимете про любов Господа і звеличете Його.

2. Дуже могутня ревна молитва праведного

У тлумачному словнику праведна людина – це така, «що дотримується заповідей, моральних приписів якоїсь релігії, безгрішна». Однак у Посланні до римлян 3:10 написано: *«Нема праведного ані одного».* Бог говорить: *«Бо не слухачі Закону справедливі перед Богом, але виконавці Закону виправдані будуть»* (Послання до римлян 2:13), а також: *«Бо жадне тіло ділами Закону не виправдається перед Ним, Законом бо гріх пізнається»* (Послання до римлян 3:20).

Гріх увійшов у світ через непокору Адама, першої людини, яку створив Бог, і всі люди стали засудженими через гріх однієї людини (Послання до римлян 5:12, 18). Для людства, яке відпало від Його слави, без Закону, явилася правда Божа, і навіть правда Божа прийде через віру в Ісуса Христа в усіх і на всіх, хто вірує (Послання до римлян 3:21-23).

Тому що «правда» цього світу міняється в залежності від цінностей кожного покоління, вона не може бути істинним стандартом праведності. Однак оскільки Бог не міняється, Його правда може бути стандартом для справжньої праведності.

Тому у Посланні до римлян 3:28 написано: *«Отож, ми визнаємо, що людина виправдується вірою, без діл Закону»*. Однак ми не знищуємо закон своєю вірою, але зміцнюємо його (Посланні до римлян 3:31).

Якщо ми виправдалися вірою, ми повинні приносити плід святості, визволившись від гріха і ставши рабами Богові. Ми повинні намагатися стати дійсно праведними, відкинувши всяку неправду, яка порушує Боже Слово, і жити за істиною – Божим Словом.

Бог визнає «праведними» тих людей, віра яких підтверджується справами, які намагаються жити за Його Словом щодня, і являє Свої справи у відповідь на їхні молитви. Як відповість Бог тим, хто відвідує церкву, але поставив стіну гріха між собою і Богом через непокору Своїм батькам, розбрат і правопорушення?

Бог робить молитву праведної людини, яка кориться Богові, живе за Божим Словом і підтверджує свою любов до Бога, сильною і ефективною, даючи людині силу молитви.

В Євангелії від Луки 18:1-8 є притча про несправедливого суддю та вдовицю. Там говориться про вдовицю, яка звернулася до судді, який не боявся Бога і не соромився людей. Хоча суддя не боявся Бога і не соромився людей, він все-таки допоміг вдовиці. Суддя сказав собі: *«Хоч і Бога я не* боюся, і людей не соромлюся, але через те, що вдовиця оця докучає мені, то візьму в оборону її, щоб вона без кінця не ходила, і не докучала мені».

Наприкінці притчі Ісус сказав: *«А чи ж Бог в оборону не візьме обраних Своїх, що голосять до Нього день і ніч, хоч і бариться Він щодо них? Кажу вам, що Він їм незабаром подасть оборону!»* (Євангеліє від Луки 18:7-8)

Якщо ми озирнемося, то побачимо людей, які вважають себе Божими дітьми, моляться день і ніч і постять, але не отримують відповідей від Бога. Такі люди повинні зрозуміти, що вони ще не стали праведними в очах Бога.

У Посланні до филип'ян 4:6-7 написано: *«Ні про що не турбуйтесь, а в усьому нехай виявляються Богові ваші бажання молитвою й проханням з подякою. І мир Божий, що вищий від усякого розуму, хай береже серця ваші та ваші думки у Христі Ісусі».* В залежності від того, якою «праведною» стала людина в очах Бога, як вона молиться з вірою і любов'ю, ступінь, відповідно до якого вона отримуватиме Божі відповіді, буде різним. Ставши праведною, молячись, людина може швидко отримати відповіді від Бога і прославити Його. Тому надзвичайно важливо, щоби люди зруйнували стіну гріха, яка стоїть на шляху до Бога, набули таких якостей, щоби називатися «праведними» в очах Бога, і щиро молитися з вірою і любов'ю.

3. Дар і сила

«Дари» – це подарунки, які Бог дає безкоштовно. Це особливі Божі справи в Його любові. Чим більше людина молиться, тим більше в неї виникатиме бажання попросити про Божий дар. Однак інколи людина може попросити Бога про дар відповідно до своїх облудних бажань. Це призведе до загибелі, тому що це неправда в очах Бога. Кожна людина повинна остерігатися цього.

У Книзі Дії 8 написано про ворожбита на ім'я Симон, який після проповіді Євангелія Пилипом, ходив за ним всюди, а бачивши чуда й знамена великі, дуже дивувався (вірші 9-13). Побачивши, що Святий Дух дається через покладання рук Петра та Івана, Симон запропонував апостолам гроші і попросив їх: *«Дайте й мені таку владу, щоб той, на кого покладу свої руки, одержав би Духа Святого!»* (вірші 17-19) У відповідь Петро докорив Симона: *«Нехай згине з тобою те срібло твоє, бо ти думав набути дар Божий за гроші! У цім ділі нема тобі частки ні уділу, бо серце твоє перед Богом не слушне. Тож покайся за це лихе діло своє, і проси Господа, може прощений буде тобі замір серця твого! Бо я бачу, що ти пробуваєш у жовчі гіркій та в путах неправди»* (вірші 20-23).

Тому що дари даються тим, хто являє собою живого

Бога і рятує людство. Вони повинні робитися під наглядом Святого Духа. Отже перед тим як попросити Бога про дари, ми спочатку повинні докласти певних зусиль, щоби стати праведними в очах Бога.

Після того, як наша душа досягла успіхів і ми сформували себе як інструмент, який може використати Бог, Він дозволить нам попросити дари за надиханням Святого Духа і дасть нам такі дари, які ми просимо.

Ми знаємо, що всіх наших праотців віри використовував Бог для цілого ряду призначень. Деякі показували Божу силу, інші лише пророкували, не являючи Божої сили, а інші лише навчали людей. Чим більше в них було повної віри і любові, тим більшу силу давав їм Бог і дозволяв їм являти великі справи.

Коли Мойсей був принцом Єгипту, він мав такий запальний характер, що вбив єгиптянина, який погано поводився з ізраїльтянином (Книга Вихід 2:12). Після багатьох випробувань Мойсей став дуже покірливим, найсмирнішим за будь-кого на землі, а потім отримав велику владу. Він вивів Ізраїльський народ з Єгипту, являючи багато знамень і див (Книга Числа 12:3).

Нам також відома молитва пророка Іллі, про яку записано у Посланні Якова 5:17-18: *«Ілля був людина, подібна до нас пристрастями, і він помолився молитвою, щоб дощу не було, і дощу не було на землі аж три роки й шість місяців... І він знов помолився, і дощу дало небо, а земля вродила свій плід!»*

Як ми бачимо, і як написано в Біблії, молитва праведного сильна і ефективна. Праведна людина має значну силу і владу. Є молитви, завдяки яким люди не можуть отримати Божі відповіді навіть після численних годин молитви. А є сильні молитви, на які Бог дає Свою відповідь, а також являє Свою силу. Бог із задоволенням приймає молитву віри, любові і пожертви, і дозволяє людям прославляти Його через різні дари і силу, яку Він дає людям.

Однак ми не були праведними від початку. Лише після того, як прийняли Ісуса Христа, ми стали праведними за вірою. Ми стаємо праведними, коли дізнаємося про гріх, почувши Боже Слово, позбувшись неправди, тоді наша душа процвітає. Крім того, оскільки ми будемо ставати більш праведними людьми, перебуваючи у світлі і праведності, Бог змінюватиме кожен наш день, так що ми промовлятимемо слова, які говорив апостол Павло: «Я щодень умираю» (1 Послання до коринтян 15:31).

Я закликаю кожного з вас озирнутися на своє життя. Як ви жили до теперішнього моменту? Подивіться, чи стоїть стіна між вами і Богом. Якщо так, то без зволікань зруйнуйте її.

В ім'я Господа нашого Ісуса Христа я молюся про те, щоби кожен з вас корився за вірою, жертвував з любов'ю і молився як праведна людина, щоби бути визнаним праведною людиною, отримав Його благословення в усьому і прославив Бога!

Розділ 6

Велика сила молитви за згодою

Євангеліє від Матвія 18:19-20

Ще поправді кажу вам,
що коли б двоє з вас на землі погодились
про всяку річ, то коли вони будуть просити за неї, –
станеться їм
від Мого Отця, що на небі!
Бо де двоє чи троє
 в Ім'я Моє зібрані, –
там Я серед них».

1. Бог радий прийняти молитву за згодою

Корейське прислів'я говорить: «Разом краще навіть аркуш паперу підняти». Замість того, щоби ізолюватися і намагатися все зробити самостійно, це стародавнє прислів'я навчає нас, що ефективність підвищиться і можна буде очікувати кращий результат, якщо двоє або більше людей діятимуть разом. Християнство, яке надає особливе значення любові до ближнього і до церкви, також повинно бути гарним прикладом у цьому.

У Книзі Екклезіястовій 4:9-12 написано: *«Краще двом, як одному, бо мають хорошу заплату за труд свій, і якби вони впали, підійме одне свого друга! Та горе одному, як він упаде, й нема другого, щоб підвести його... Також коли вдвох покладуться, то тепло їм буде, а як же зогрітись одному? А коли б хто напав на одного, то вдвох вони стануть на нього, і нитка потрійна не скоро пірветься!»* Ці вірші говорять про те, що якщо люди об'єднуються і співробітничають, виникне велика сила і радість.

Так само в Євангелії від Матвія 18:19-20 написано про те, як важливо для віруючих збиратися разом і молитися за згодою. Існують «приватні молитви», якими люди моляться про вирішення особистих проблем, або молитви під час роздумів над Божим Словом у тихий час, а також «молитва за згодою», у якій багато людей збирається, щоби звернутися до Бога.

Як говорить Ісус: «коли б двоє з вас на землі погодились», а також «де двоє чи троє в Ім'я Моє зібрані», молитва за згодою означає молитву багатьох людей, поєднаних у думці. Бог говорить нам, що Він з радістю приймає молитву за згодою і обіцяє, що виконає все, про що ми попросимо, а також буде присутнім, коли двоє чи троє зберуться в Ім'я нашого Господа.

Як ми можемо віддати славу Богові за відповіді, які ми отримуємо від Нього внаслідок молитви за згодою вдома або у церкві, у групі або в осередку? Давайте заглибимося у значення і спосіб молитви за згодою і зробимо хліб із її сили, щоби ми могли отримати від Бога все, коли молимося за Його царство, правду, церкву, і коли дуже шануємо Його.

2. Важливість молитви за згодою

Перед тим як перейти до віршів, на яких базується дана глава, давайте дізнаємося, що сказав Ісус: *«Ще поправді кажу вам, що коли б двоє з вас на землі погодились про всяку річ, то коли вони будуть просити за неї, станеться їм від Мого Отця, що на небі!»* (Євангеліє від Матвія 18:19) Тут ми бачимо дещо особливе. Замість того, щоби сказати про молитву «однієї особи», «трьох осіб», або «двох та більше людей», чому Ісус сказав: *«Коли б двоє з вас на землі погодились про всяку річ, то коли вони будуть просити за неї»*, чому Ісус підкреслив, що то має бути «двоє» людей?

Словосполучення «двоє з вас» тут означає у відносному значенні кожного з нас: «я та інші люди». Інакше кажучи «двоє з вас» може означати одну особу, десять осіб, сто осіб або тисячу осіб разом із вами.

Тоді яким є духовне значення фрази «двоє з вас»? Ми маємо «себе», а також у нас живе Святий Дух, який має власний характер. Як написано у Посланні до римлян 8:26: *«Так само ж і Дух допомагає нам у наших немочах; бо ми не знаємо, про що маємо молитись, як належить, але Сам Дух заступається за нас невимовними зідханнями»*, Святий Дух, який заступається за нас, робить наше серце храмом, в якому Він має жити.

Ми отримуємо владу, яка нам надається як Божим дітям, коли ми повірили в Нього і прийняли Ісуса як свого Спасителя. Святий Дух приходить і воскрешає наш дух, який був мертвим через наш первородний гріх. Тому кожна Божа дитина має власне серце і власного Святого Духа зі Своїм характером.

Фраза «двоє з вас на землі» означає молитву нашого власного серця, а також молитву нашого духа, який є заступником Святого Духа (1 Послання до коринтян 14:15; Послання до римлян 8:26). Фраза «Коли б двоє з вас на землі погодились про всяку річ, то коли вони будуть просити за неї» означає що ці двоє пожертвували Богові за згодою.

Крім того, коли Святий Дух об'єднується з однією, двома або декількома особами у молитві, це означає, що «двоє з вас на землі погодились про всяку річ».

Пам'ятаючи про важливість молитви за згодою, ми повинні відчути здійснення Господньої обітниці: *«Ще поправді кажу вам, що коли б двоє з вас на землі погодились про всяку річ, то коли вони будуть просити за неї, станеться їм від Мого Отця, що на небі!»* (Євангеліє від Матвія 18:19)

3. Способи молитви за згодою

Бог з радістю приймає молитву за згодою, швидко відповідає на неї і являє Свої великі справи, тому що люди моляться Йому у єднанні.

Це звичайно буде джерелом радості, що переливається через край, миру та безмежної слави Богові, якщо Святий Дух та кожна людина будуть поєднані в молитві. Ми зможемо отримати «відповіді вогнем» і відверто свідчити живому Богові. Однак, стати «єдиними» – непросте завдання. А для того, щоби погодитися, треба докласти значних зусиль.

Припустимо раб має двох господарів. Чи не буде його відданість і любов розділена? Проблема стане серйознішою, якщо у двох господарів будуть різні характери і смаки.

Знов-таки, припустимо, що двоє людей зібралися разом, щоби розробити плани щодо події. Якщо вони не мали єдиної думки, але навпаки, їхні погляди розділилися, можна сказати, що справи ідуть не дуже добре. Крім того, якщо двоє виконували свою роботу, маючи різні цілі, їхнє планування зовні могло здатися гарним, але результат не був очевидним. Тому здатність бути єдиними, чи то під час особистої молитви, чи то з іншою особою, з двома або більше людьми – це ключ до отримання відповіді від Бога.

Тож яким чином ми можемо бути єдиними у молитві? Люди, які моляться за згодою, повинні молитися за надиханням Святого Духу, охоплені Святим Духом, ставши єдиними у Святому Дусі, і молитися у Святому Дусі (Послання до ефесян 6:18). Бо Святий Дух має в собі думку Бога, Він досліджує все, навіть Божі глибини (1 Послання до коринтян 2:10) і заступається за нас за волею Бога (Послання до римлян 8:27). Якщо ми молимося так, як веде нас Святий Дух, Бог з радістю приймає нашу молитву, дає нам все, про що ми просимо, і навіть відповідає на бажання нашого серця.

Щоби молитися у повноті Святого Духу, ми повинні вірити Божому Слову без сумнівів, коритися істині, завжди радіти, безперестанку молитися і дякувати за всі обставини. Ми повинні також кричати до Бога від самого серця. Коли ми являємо Богові Свою віру, яка підтверджується ділами, і боремося у молитві, Бог радіє і дає нам радість через Святого Духа. Тобто людина «сповнюється», «надихається» Святим Духом.

Деякі нові віруючі, або ті, хто не молиться регулярно, ще не отримали силу молитви, а отже вважають молитву за згодою важкою. Якщо такі люди намагаються молитися протягом однієї години, вони намагаються підібрати всі можливі теми для молитви, однак не можуть молитися цілу годину. Вони стомлюються і виснажуються, стурбовано чекають, коли пройде час і наприкінці просто щось бурмочуть. Така молитва називається «душевною», на яку Бог не відповідає.

Для багатьох людей, навіть якщо вони ходили до церкви більше десяти років, їхня молитва залишається душевною. Для багатьох людей, які нарікають або знеохочуються через відсутність відповіді від Бога, не можуть отримати Його відповіді, тому що їхні молитви душевні. Однак це не означає, що Бог відвернувся від їхньої молитви. Бог чує її, але просто не може на неї відповісти.

Дехто може запитати: «Невже це означає, що молитися безглуздо, оскільки ми молимося без надихання Святого Духу?» Не в тому річ. Навіть якщо люди моляться подумки, якщо вони старанно закликають до Бога, брами молитви відкриються, і вони отримають силу молитви, яка стане молитвою в дусі. Без молитви брами молитви не можуть відкритися. Тому що Бог слухає навіть душевні молитви. Коли брами молитви відкриються, ви з'єднаєтеся зі Святим Духом, почнете молитися за надиханням Святого Духу і отримаєте відповіді, які ви просили у минулому.

Припустимо, син не догоджав своєму батькові. Через свою поведінку він міг не отримати нічого, про що просив у батька. Однак одного разу син почав догоджати батькові своїми справами, і батько почув його. Як тепер батько ставитиметься до свого сина? Їхні стосунки змінилися. Батько хотів дати своєму синові все, про що він просить. Син отримав навіть те, про що просив задовго до того.

Так само, навіть якщо наша молитва походить від розуму, коли вона накопичиться, ми отримаємо силу молитви і почнемо молитися так, що догоджатимемо Богові, оскільки брами молитви будуть відкриті. Ми також отримаємо те, про що просили у минулому, і зрозуміємо, що Бог не пропустив жодної дрібниці, про яку ми просили.

Крім того, коли ми молимося у дусі у повноті Святого Духу, ми не будемо стомлюватися і боротися зі сном чи земними думками, але молитимемося з вірою і радістю. Так може молитися навіть група людей за згодою, якщо вони моляться у дусі, з любов'ю, якщо вони єдині у думках і бажаннях.

В Євангелії від Матвія 18:20, на якому засновується даний розділ, ми читаємо: *«Бо де двоє чи троє в Ім'я Моє зібрані, там Я серед них».* Якщо люди збираються разом для молитви в ім'я Ісуса Христа, Божі діти, які отримали Святого Духа, дійсно молитимуться за згодою, і наш Господь буде разом з ними. Інакше кажучи, коли група людей, які отримали Святого Духа, збирається і молиться за згодою, наш Господь наглядатиме за думками кожної людини, об'єднуватиме їх Святим Духом, щоби вони були єдиними у думках, щоби їхня молитва догоджала нашому Богові.

Однак якщо група людей не може зібратися разом і бути єдиними, вона не може молитися за згодою, або молитися щиро від серця кожного учасника, навіть якщо вони мають єдину ціль, тому що серце одного учасника знаходиться не у згоді з іншим учасником групи. Якщо серце людей, які зібралися разом, не може бути єдиним, лідер має повести всіх у молитві прославлення і покаяння, щоби серця людей стали єдиними у Святому Дусі.

Наш Господь перебуватиме разом з тими, хто молиться, коли вони стануть єдиними у Святому Дусі. Тому що Він наглядає і веде серце кожного. Якщо люди моляться не за згодою, треба розуміти, що наш Господь не може бути з такими людьми.

Коли люди стають єдиними у Святому Дусі і моляться за згодою, кожен з них молитиметься щиро, сповниться

Святим Духом, тіло вкриється потом, і він стане упевненим у відповідях Бога, про які вони просили. Тоді ніби радість огорне їх. Наш Господь буде з людьми, які моляться таким чином. І така молитва догоджає Богові.

Сподіваюся, що кожен з вас, молячись за згодою у повноті Святого Духу і від щирого серця, отримає все, про що просить у молитві, і прославить Бога, зібравшись в осередку, у групі, вдома чи в церкві.

4. Велика сила молитви за згодою

Однією з переваг молитви за згодою є швидкість, з якою люди отримують відповіді від Бога на свої молитви, а також справи, які Він являє, тому що існує велика відмінність між тридцятихвилинною молитвою однієї особи, яка має одне прохання, і тридцятихвилинною молитвою десяти осіб, які звертаються із таким самим проханням. Якщо люди моляться за згодою, і Бог з радістю приймає їхню молитву, вони відчують очевидний прояв Божої справи і велику силу молитви.

У Книзі Дії 1:12-15 ми читаємо про те, що після воскресіння нашого Господа і Його вознесіння на небо, група людей разом з Його учнями, постійно збиралася разом у молитві. У тій групі було приблизно сто двадцять осіб. Щиро сподіваючись отримати Святого Духа, якого обіцяв їм дати Ісус, ці люди молилися за згодою доки не настав день П'ятдесятниці.

Коли ж почався день П'ятдесятниці, всі вони однодушно знаходилися вкупі. І нагло зчинився шум із неба, ніби буря раптова зірвалася, і переповнила ввесь той дім, де сиділи вони. І з'явилися їм язики поділені, немов би огненні, та й на кожному з них по одному осів. Усі ж вони сповнились Духом Святим, і почали говорити іншими мовами, як їм Дух промовляти давав. (Книга Дії 2:1-4).

Це дивна справа Бога! Коли вони молилися за згодою, кожен зі ста двадцяти отримав Святого Духа і почав говорити іншими мовами. Апостоли також отримали велику владу від Бога, так що кількість людей, які прийняли Ісуса Христа після проповіді Петра і хрестилися, становила майже три тисячі (Книга Дії 2:41). Оскільки всі дива і знамення являлися завдяки апостолам, кількість віруючих збільшувалася щодня, і життя віруючих також почало змінюватися (Книга Дії 2:43-47).

А бачивши сміливість Петра та Івана, і спостерігши, що то люди обидва невчені та прості, дивувалися, і пізнали їх, що вони з Ісусом були. Та бачивши, що вздоровлений чоловік стоїть з ними, нічого навпроти сказати не могли (Книга Дії 4:13-14).

А руками апостолів стались знамена та чуда великі в народі. І були однодушно всі в Соломоновім ґанку. А з сторонніх ніхто приставати не важивсь до них, але люд прославляв їх. І все збільшувалось тих, хто вірує в Господа, безліч чоловіків і жінок, так що хворих стали виносити на вулиці, та й клали на ложа та ноші, щоб, як ітиме Петро, то хоч тінь його впала б на кого із них. І безліч люду збиралась до Єрусалиму з довколишніх міст, і несли недужих та хворих від духів нечистих, і були вони всі вздоровлювані! (Книга Дії 5:12-16)

То була сила молитви за згодою, яка дала змогу апостолам сміливо проповідувати Слово, вздоровлювати сліпих, кривих, хворих, воскрешати померлих, виліковувати від різних хвороб і виганяти злих духів.

Далі йдеться про звітну доповідь Петра, який у той час перебував у тюрмі під час царювання Ірода (Агріппи I), який був відомий своїм переслідуванням християн. У Книзі Дії 12:5 написано: *«Отож, у в'язниці Петра стерегли, а Церква ревно молилася Богові за нього».* Коли Петро спав, закутий у два ланцюги, церков молилася за згодою за Петра. Після того, як Бог почув молитву церкви, Він послав ангола, щоби визволити Петра.

У ніч перед тим як Ірод мав судити Петра, апостол спав між двома вояками, закутий у два ланцюги, і сторожа пильнували в'язницю при дверях (Книга Дії 12:6). Та Бог явив Свою силу, розкривши ланцюги та відкривши залізну браму (Книга Дії 12:7-10). Коли Петро прийшов до будинку Марії, матері Івана, якого також звали Марком, Петро побачив, що багато людей зібралися і молилися за нього (Книга Дії 12:12). Така дивовижна справа була результатом сили молитви за згодою всієї церкви.

Церква лише помолилася за згодою за Петра, щоби визволити його із в'язниці. Так само коли нещастя прийде у церкву, або коли віруючі захворіють, замість того, щоби багато міркувати, роздумувати і непокоїтися, діти Божі спершу повинні вірити у те, що Бог вирішить всі їхні проблеми, що вони повинні бути єдиними і зібратися для молитви за згодою.

Бог дуже зацікавлений у молитві за згодою всієї церкви, Він радіє цьому і відповідає на таку молитву Своїми дивовижними справами. Чи можете ви уявити собі, як радий буде бачити Бог Своїх дітей, які моляться за згодою про Його царство і правду?

Коли люди сповнюються Святого Духу і моляться духом, коли збираються для молитви за згодою, вони відчувають великі справи Бога. Вони отримують силу жити за Божим Словом, силу свідчити про живого Бога як то робили ранні церкви і апостоли, збільшувати Боже Царство і отримувати все, про що вони просять.

Будь ласка, запам'ятайте, що наш Бог пообіцяв нам, що відповість нам, коли ми проситимемо і молитимемося за згодою. В ім'я Господа нашого я молюся про те, щоби кожен з вас зрозумів важливість молитви за згодою і ревно бажав зустрітися з тими, хто молиться в ім'я Ісуса Христа, щоби ви відчули велику силу молитви за згодою, отримали силу молитви і стали дорогоцінним робітником, який свідчить про живого Бога!

Розділ 7

Завжди моліться
і не занепадайте духом

Євангеліє від Луки 18:1-8

І Він розповів їм і притчу про те, що треба молитися завжди, і не занепадати духом, говорячи:

*«У місті якомусь суддя був один,
що Бога не боявся, і людей не соромився.
У тому ж місті вдова перебувала,
що до нього ходила й казала:
Оборони мене від мого супротивника!
Але він довгий час не хотів.
А згодом сказав сам до себе:
Хоч і Бога я не боюся, і людей не соромлюся,
але через те, що вдовиця оця докучає мені,
то візьму в оборону її,
щоб вона без кінця не ходила, і не докучала мені».*

*І промовив Господь: «Чи чуєте, що говорить суддя цей неправедний?
А чи ж Бог в оборону не візьме обраних Своїх,
що голосять до Нього день і ніч,
хоч і бариться Він щодо них?
Кажу вам, що Він їм незабаром подасть оборону!*

1. Притча про несправедливого суддю та вдовицю

Ісус звіщав людям Боже Слово притчами, поскільки вони могли слухати (Євангеліє від Марка 4:33-34). У «Притчі про несправедливого суддю та вдовицю», яка взята за основу цього розділу, розповідається про важливість наполегливої молитви, про те, що ми повинні безперестанку молитися і не занепадати духом.

Наскільки наполегливо ви молитеся, щоби отримати відповіді від Бога? Чи робите ви перерву від молитви, чи ви коли-небудь занепадали духом через те що Бог не відповів на вашу молитву?

У житті трапляється безліч проблем та справ, великих та малих. Коли ми євангелізуємо людей і розповідаємо їм про живого Бога, дехто, шукаючи Бога, починає відвідувати церкву, щоби вирішити свої проблеми, а інші приходять лише для того, щоби знайти спокій для свого серця.

Незважаючи на причини, які спонукали людей почати відвідувати церкву, якщо вони поклоняються Богові і приймають Ісуса Христа, вони дізнаються про те, що вони як Божі діти, можуть отримати все, про що попросять, і перетворяться на людей молитви.

Таким чином, всі Божі діти повинні вчитися через Його Слово молитися так, щоби догодити Богові, розуміючи суть молитви, мати непохитну віру і молитися доки вони не отримають плід Божих відповідей. Тому людям, які мають віру, відомо про важливість молитви, і вони моляться постійно. Вони не чинять гріх, перестаючи молитися, навіть якщо вони не отримують відповідь одразу. Замість того, щоби занепасти духом, вони моляться ще завзятіше.

Лише маючи таку віру люди можуть отримати відповіді від Бога і прославити Його. Однак незважаючи на те, що багато людей вважають себе віруючими, важко знайти людей, які б мали таку велику віру. Ось чому наш Господь з журбою питає: *«Та Син Людський, як прийде, чи Він на землі знайде віру?»* (Євангеліє від Луки 18:1-8)

В одному місті жив неправедний суддя, до якого постійно приходила жінка і просила: «Оборони мене від мого супротивника». Продажний суддя очікував хабара, але вдова не могла собі дозволити навіть чимось подякувати судді. Тож вдова продовжувала ходити до судді, а він продовжував їй відмовляти. Але одного дня він передумав. Знаєте, чому? Послухайте, що неправедний суддя сказав сам до себе:

> *«Хоч і Бога я не боюся, і людей не соромлюся, але через те, що вдовиця оця докучає мені, то візьму в оборону її, щоб вона без кінця не ходила, і не докучала мені»* (Євангеліє від Луки 18:4-5).

Оскільки вдова не здавалася і продовжувала звертатися

до судді з проханням, навіть цей неправедний суддя поступився проханням вдови, яка докучала йому.

Наприкінці притчі Ісус пояснює, як саме отримувати відповіді від Бога: *«"Чи чуєте, що говорить суддя цей неправедний? А чи ж Бог в оборону не візьме обраних Своїх, що голосять до Нього день і ніч, хоч і бариться Він щодо них? Кажу вам, що Він їм незабаром подасть оборону!»* (вірші 6-8)

Якщо неправедний суддя почув прохання вдови, невже праведний Бог не відповість Своїм дітям, коли вони звернуться до Нього? Якщо вони дали обітницю отримати відповідь на проблему, постять, не сплять день і ніч і моляться, невже Бог не відповість їм швидко? Я впевнений, що багато хто з вас чув про випадки, коли люди отримували Його відповіді під час молитви обітниці.

У Псалмі 50:15 Бог говорить нам: *«І до Мене поклич в день недолі, – Я тебе порятую, ти ж прославиш Мене!»* Інакше кажучи, відповідаючи на наші молитви, Бог бажає, щоби ми славили Його. В Євангелії від Матвія 7:11 Ісус нагадує нам: *«Тож як ви, бувши злі, потрапите добрі дари своїм дітям давати, скільки ж більше Отець ваш Небесний подасть добра тим, хто проситиме в Нього!»* Чи може Бог, який віддав заради нас Свого єдиного Сина на смерть, не відповісти на молитви Своїх улюблених дітей? Бог бажає давати швидкі відповіді Своїм дітям, які люблять

Його.

Тоді чому так багато людей говорить, що вони не отримують відповіді, навіть якщо моляться? У Божому Слові, в Євангелії від Матвія 7:7-8 дається чітка відповідь: *«Просіть і буде вам дано, шукайте і знайдете, стукайте і відчинять вам; бо кожен, хто просить одержує, хто шукає знаходить, а хто стукає відчинять йому»*. Тому неможливо, щоби наша молитва залишилася без відповіді. Однак Бог не може відповісти на нашу молитву через стіну, яка стоїть між нами і Богом, тому що ми недостатньо молилися або час іще не прийшов, щоби отримати відповідь від Нього.

Ми повинні постійно молитися і не занепадати духом, тому що якщо ми непохитні і продовжуємо молитися за вірою, Святий Дух руйнує стіну, яка стоїть між нами і Богом, і відкриває шлях до Своїх відповідей через покаяння. Коли Бог вирішить, що молитов достатньо, Він обов'язково відповість нам.

В Євангелії від Луки 11:5-8 Ісус знову вчить нас бути наполегливими і настирними:

> *І сказав Він до них: Хто з вас матиме приятеля, і піде до нього опівночі, і скаже йому: Позич мені, друже, три хліби, бо прийшов із дороги до мене мій приятель, я ж не маю, що дати йому. А*

той із середини в відповідь скаже: Не роби мені клопоту, уже замкнені двері, і мої діти зо мною на ліжкові. Не можу я встати та дати тобі. Кажу вам: коли він не встане, і не дасть ради дружби йому, то за докучання його він устане та й дасть йому, скільки той потребує.

Ісус вчить нас про те, що Бог не відмовляється, але відповідає на настирливі прохання Своїх дітей. Ми повинні молитися сміливо і наполегливо. Це не означає, що ви повинні вимагати, але молитися і просити з відчуттям упевненості за вірою. В Біблії часто розповідається про праотців віри, які отримували відповіді завдяки такій молитві.

Після того, як Яків боровся з ангелом при потоці Яббок доки не зійшла досвітня зоря, він щиро помолився і вимагав благословення: «Не пущу Тебе, доки не благословиш мене» (Книга Буття 32:26), і Бог дав благословення Якову. З того часу Яків став називатись «Ізраїль» і став праотцем народу Ізраїлевого.

В Євангелії від Матвія 15, одна хананеянка, чия дочка страждала від одержимості, прийшла до Ісуса і заголосила до Нього: «Змилуйся надо мною, Господи, Сину Давидів, – демон тяжко дочку мою мучить!» Але Ісус не сказав ані слова (Євангеліє від Матвія 15:22-23). Коли жінка звернулася до Нього вдруге, вклонившись Йому і благаючи, Ісус просто сказав: *«Я посланий тільки до овечок загинулих дому Ізраїлевого»*, і відмовився (Євангеліє від Матвія 15:25-26). Але коли жінка знову настирливо попросила Ісуса: *«Так, Господи! Але ж і щенята їдять ті крихти, що спадають зо столу їхніх панів»*, Він відповів їй: *«О жінко, твоя віра велика, – нехай буде тоді, як ти хочеш!»* (Євангеліє від Матвія 15:27-28)

Так і ми повинні іти шляхом наших праотців віри відповідно до Божого Слова і постійно молитися. Ми повинні молитися за вірою, маючи відчуття упевненості, і палке серце. З вірою у нашого Бога, Який дозволяє нам збирати врожай у належний час, ми повинні стати справжніми послідовниками Христа у своєму молитовному житті і ніколи не занепадати духом.

2. Чому ми повинні постійно молитися

Саме як людина не може жити не дихаючи, Божі діти, які отримали Святого Духа, не можуть отримати вічного життя без молитви. Молитва – це діалог з живим Богом, це дихання нашого духу. Якщо Божі діти, які отримали Святого Духа, не спілкуються з Ним, вони згасять вогонь Святого Духу і таким чином вже не зможуть іти шляхом життя, але стануть на шлях смерті, і зрештою не отримають спасіння.

Однак оскільки молитва зміцнює спілкування з Богом, ми отримаємо спасіння коли почуємо голос Святого Духу і житимемо за волею Бога. Навіть якщо станеться біда, Бог дасть можливість уникнути її. Він також все оберне для нас на добро. Завдяки молитві ми також відчуємо силу всемогутнього Бога, Який дає нам сили протистояти ворогові-дияволу і перемагати його, прославляючи Його у своїй непохитній вірі, яка зробила неможливе можливим.

Отже в Біблії написано, щоби ми безперестанку молилися (1 Послання до солунян 5:17) і що це – «Божа воля» (1 Послання до солунян 5:18). Ісус показав нам належний приклад молитви, постійно молячись відповідно до Божої волі незалежно від часу і місця. Він молився у пустелі, на горі та у багатьох інших місцях, на світанку і у нічний час.

Постійно молячись, наші праотці віри жили за волею Бога. Пророк Самуїл говорить нам: *«Також я, не дай мені, Боже, грішити проти ГОСПОДА, щоб перестав я молитися за вас! І я буду наставляти вас на дорогу добру та просту»* (1 Книга Самуїлова 12:23). Молитва – це Божа воля і Його заповідь. Самуїл говорить нам, що відсутність молитви – це гріх.

Якщо ми не молимося або робимо перерву у своєму молитовному житті, наш розум полонять земні думки і заважають нам жити за Божою волею, і ми постаємо перед важкими проблемами, бо залишаємося без Божого захисту.

Отже коли люди потрапляють у спокусу, вони нарікають на Бога і віддаляються від Його доріг іще більше.

Тому у 1 Посланні Петра 5:8-9 нам дається нагадування: *«Будьте тверезі, пильнуйте! Ваш супротивник диявол ходить, ричучи, як лев, що шукає пожерти кого. Противтесь йому, тверді в вірі, знавши, що ті самі муки трапляються й вашому братству по світі».* Цей вірш також спонукає нас постійно молитися. Давайте молитися не лише тоді, коли виникають проблеми, але завжди, щоби бути благословенними Богом дітьми, у яких все у житті ведеться добре.

3. У належний час ми зберемо врожай

У Посланні до галатів 6:9 написано: *«А роблячи добре, не знуджуймося, бо часу свого пожнемо, коли не ослабнемо».* Те саме стосується молитви. Якщо ми постійно молимося відповідно до Божої волі і не занепадаємо духом, у належний час ми пожнемо врожай.

Якщо господар стане нетерплячим скоро після того як посадив насіння, і викопає його, або якщо він не доглядатиме за паростками і просто чекатиме, намагання зібрати врожай будуть марними. Доки ми не отримаємо відповіді на свої молитви, нам необхідно бути присвяченими і наполегливими.

Крім того, час збору врожаю відрізняється в залежності від того, яке насіння було посаджене. Деяке насіння приносить плід через декілька місяців, а деяке – через декілька років. Овочі і злаки збирати легше ніж яблука чи такі рідкісні рослини як женьшень. Для того, щоби зібрати більш дорогий врожай, необхідно витратити більше часу.

Ви повинні розуміти, що для вирішення більших проблем потрібно більше молитися. Коли пророку Даниїлові було видіння щодо майбутнього Ізраїлю, протягом трьох тижнів він плакав і молився. Бог почув молитву Даниїла у перший день і послав ангола, щоби він знав про це (Книга Пророка Даниїла 10:12). Однак оскільки князь протистояв анголові протягом двадцяти одного дня, ангол прийшов допомогти Даниїлу в останній день і лише тоді Даниїл про все дізнався (Книга Пророка Даниїла 10:13-14).

Що би сталося, якби Даниїл відступив і перестав молитися? Хоча він страждав і втратив сили після видіння, Даниїл продовжив молитися і наприкінці отримав відповідь від Бога.

Якщо ми наполегливо продовжуємо молитися з вірою, ми отримаємо Його відповіді, Бог дасть нам помічника і приведе нас до Своїх відповідей. Тому ангол, який дав Божі відповіді Даниїлу, сказав: *«Але князь перського царства стояв проти мене двадцять і один день, і ось Михаїл, один із перших начальників, прийшов допомогти мені, а я позоставив його там при начальниках перських царів. І прийшов я, щоб ти зрозумів, що станеться твоєму народові в кінці днів, бо це видіння ще на наступні дні»* (Книга Пророка Даниїла 10:13-14).

За які проблеми ви молитеся? Чи ваша молитва досягає Божого престолу? Щоби зрозуміти видіння, яке дав Даниїлові Бог, він вирішив принизити себе: він не їв смачну їжу, м'ясо й вино не входило до його уст, а також не намащувався він аж до виповнення трьох тижнів часу (Книга Пророка Даниїла 10:3). Оскільки Даниїл був у жалобі протягом трьох тижнів і молився, Бог почув його молитву і відповів у перший день.

Звернуть увагу на той факт, що відколи Бог почув молитву Даниїла і відповів на неї у перший же день, пройшло три тижні, доки Його відповіді дійшли до Даниїла. Багато людей, стикаючись з проблемами, моляться день-два і швидко здаються. Це свідчить про їхню малу віру.

Більш за все нам потрібно мати серце, яким би ми вірили лише у нашого Бога, Котрий неодмінно відповість нам, щоби ми наполягали, молилися незважаючи на те, коли Бог дасть нам Свою відповідь. Чи можемо ми очікувати на Божі відповіді, не маючи наполегливості у молитвах?

Бог дає дощ у свій час: восени, навесні, і встановлює час для жнив (Книга Пророка Єремії 5:24). Тому Ісус сказав нам: *«Усе, чого ви в молитві попросите, вірте, що одержите, і сповниться вам»* (Євангеліє від Марка 11:24). Оскільки Даниїл вірив у Бога, Котрий відповідає на молитви, він наполегливо продовжував молитися безперестанку доки не отримав відповіді від Бога.

В Біблії написано: *«А віра то підстава сподіваного, доказ небаченого»* (Послання до євреїв 11:1). Якщо хтось перестав молитися через те, що досі не отримав відповіді від Бога, він не повинен думати, що має віру або що він отримає відповіді від Бога. Якщо людина має істинну віру, вона не піддаватиметься дії обставин, але безперестанку наполегливо молитиметься. Якщо людина вірить у Бога, Котрий дозволяє нам зібрати посіяне і відплачує нам за те, що ми зробили, Він неодмінно відповість їй.

Як написано у Посланні до ефесян 5:7-8: *«Тож не будьте їм спільниками! Ви бо були колись темрявою, тепер же ви світло в Господі, поводьтеся, як діти світла»*, кожен з нас повинен мати істинну віру, наполегливо молитися всемогутньому Богові, отримувати все, про що попросить у молитві, і мати життя, сповнене Божого благословення. Я молюся про це в ім'я Господа нашого Ісуса Христа!

Автор:
Доктор Джерок Лі

Доктор Джерок Лі народився у 1943 році у Муані, провінція Джеоннам, Республіка Корея. До тридцяти років на протязі семи років доктор Лі страждав від невиліковних хвороб і мав померти, не маючи надії на одужання. Одного дня навесні 1974 року його сестра привела його до церкви. І коли він став на коліна і помолився Богові, Бог зцілив його від усіх хвороб.

З того моменту, коли доктор Лі пізнав живого Бога через такий чудовий випадок, він щиро полюбив Бога усім серцем. А у 1978 році Бог покликав його на служіння. Джерок Лі палко молився про те, щоби ясно зрозуміти волю Бога та повністю виконати її. У 1982 році він заснував Центральну Церков Манмін у Сеулі, Південна Корея, а також почав виконувати численні Божі справи. У церкві почали відбуватися чудесні зцілення і дива.

У 1986 році доктор Лі отримав духовний сан пастора Щорічної асамблеї християнської церкви Сункюл, Корея. А через чотири роки, у 1990 році, його проповіді почали транслюватися в Австралії, Росії і на Філіпінах. Через деякий час ще більше країн отримали змогу чути радіопрограми завдяки роботі Радіотрансляційної кампанії Далекого Сходу, Широкомовної станції Азії та Християнського радіо мережі Вашингтон.

Через три роки, у 1993, журнал *Християнський світ* (США) оголосив Центральну Церкву Манмін однією з «50 найбільших церков світу». Доктор Лі отримав почесний ступінь доктора богослов'я у Коледжі Християнської віри, Флоріда, США. А у 1996 році – ступінь доктора духівництва у Теологічній семінарії Кінгсвей, Айова, США.

З 1993 року доктор Лі керує всесвітньою місією, проводить багато кампаній у Танзанії, Аргентині, Латинській Америці, Місті Балтимор, на Гавайях, у місті Нью-Йорк (США), в Уганді, Японії, Пакистані, Кенії, на Філіппінах, у Гондурасі, Індії, Росії, Німеччині, Перу, Демократичній Республіці Конго, Ізраїлі та Естонії.

У 2002 найбільша християнська газета Кореї назвала Джерок Лі «Всесвітнім пастором» за його роботу у багатьох великий об'єднаних кампаніях, що проводилися за кордоном. Особливо його «Кампанія Нью-Йорк 2006», яка проводилася у Медісон Сквер Гарден, найвідомішій у світі арені, транслювалася для 220 країн світу. Під час «Ізраїльської об'єднаної кампанії 2009», яка проводилася у Міжнародному Центрі Конвенцій в Ізраїлі, доктор Лі сміливо проголосив Ісуса Христа Месією і Спасителем.

Його проповіді транслюються у 176 країнах світу через супутники, у тому числі телебачення BMX. Також доктор Джерок Лі потрапив у десятку найвпливовіших християнських лідерів 2009 і 2010 років за версією найпопулярнішого російського журналу *Ін Вікторі* і нового агентства *Крістіан Телеграф* за його могутнє телевізійне служіння і пасторське служіння за кордоном.

З березень 2016 року Центральна Церква Манмін налічує більше 120 000 членів. Вона має 10 000 церков-філій в усьому світі, у тому числі 56 домашніх церков-філій, також відправила більше 102 місіонерів у 23 країни світу, у тому числі США, Росію, Німеччину, Канаду, Японію, Китай, Францію, Індію, Кенію та багато інших.

На момент виходу цієї книжки доктор Лі написав 101 книжок, серед яких є бестселери: *«Відчути вічне життя до смерті»*, *«Моє життя, моя віра I і II»*, *«Слово про хрест»*, *«Міра віри»*, *«Небеса I і II»*, *«Пекло»*, *«Пробудження Ізраїлю»* і *«Сила Бога»*. Його роботи були перекладені більш ніж на 76 мов.

Його статті друкуються на шпальтах видань: *«Ганкук Ілбо»*, *«ДжунАн Дейлі»*, *«Чосун Ілбо»*, *«Дон-А Ілбо»*, *«Сеул Шінмун»*, *«Кунгуан Шінмун»*, *«Економічна щоденна газета Кореї»*, *«Вісник Кореї»*, *«Шіса Ньюс»* та *«Християнська газета»*.

Доктор Лі є головою багатьох місіонерських організацій та об'єднань. Він – голова Об'єднаної церкви святості Ісуса Христа; незмінний президент Асоціації всесвітньої місії християнського відродження; засновник і голова правління Всесвітньої християнської мережі (ВХМ); засновник і голова правління Всесвітньої мережі християн-лікарів (ВМХЛ); а також засновник і голова правління Міжнародної семінарії Манмін (МСМ).

Інші відомі книжки автора

Небеса I і II

Детальна розповідь про розкішне оточення, в якому житимуть небесні мешканці, а також прекрасний опис різних рівнів небесних царств.

Слово про Хрест

Сильна проповідь пробудження про всіх людей, які перебувають у духовному сні. Із цієї книги ви дізнаєтеся про те, чому Ісус – Єдиний Спаситель, а також про істинну Божу любов.

Пекло

Відкрите послання Бога всьому людству. Він бажає, щоби жодна людина не потрапила у пекло. Ви дізнаєтеся про досі невідомі думки щодо жорстокої дійсності Гадесу та пекла.

Відчути Вічне Життя до Смерті

Автобіографія-свідоцтво доктора Джерок Лі, який народився знову, уникнув долини смерті і живе зразковим християнським життям.

Міра Віри

Які оселі, вінці та нагороди приготовані для вас на небесах? Ця книга додасть вам мудрості і скерує вас, щоби ви виміряли свою віру, розвивали і вдосконалювали її.

Пробудження Ізраїлю

Чому Бог споглядав за Ізраїлем з самого початку і до теперішніх часів? Яке провидіння було приготоване в останні дні для Ізраїльського народу, який досі чекає на Месію?

Моє Життя, Моя Віра (I) і (II)

Автобіографія доктора Джерок Лі дозволяє читачам відчути найприємніший духовний аромат, розповідаючи про життя, що цвіте надмірною любов'ю до Бога посеред чорних хвиль, холодного ярма і найглибшого розпачу.

Сила Бога

Книга, яку бажано прочитати всім. Ця книга – важливий провідник, завдяки якому кожен може оволодіти істинною вірою і відчути дивовижну силу Бога.

www.urimbooks.com

www.ingramcontent.com/pod-product-compliance
Lightning Source LLC
LaVergne TN
LVHW041852070526
838199LV00045BB/1556